贵阳市康养产业发展及康养人才需求研究

冉江舟 杨 静 / 主编

贵州科技出版社

图书在版编目(CIP)数据

贵阳市康养产业发展及康养人才需求研究／冉江舟，杨静主编. ――贵阳：贵州科技出版社，2020.12
ISBN 978－7－5532－0902－9

Ⅰ．①贵… Ⅱ．①冉… ②杨… Ⅲ．①养老－服务业－产业发展－研究－贵阳②养老－服务业－人才需求－研究－贵阳 Ⅳ．①F726.99

中国版本图书馆 CIP 数据核字（2020）第 249584 号

贵阳市康养产业发展及康养人才需求研究
GUIYANGSHI KANGYANG CHANYE FAZHAN JI KANGYANG RENCAI XUQIU YANJIU

出版发行	贵州科技出版社
地　　址	贵阳市中天会展城会展东路 A 座（邮政编码:550081）
网　　址	http：//www.gzstph.com
出 版 人	熊兴平
经　　销	全国各地新华书店
印　　刷	深圳市新联美术印刷有限公司
版　　次	2020 年 12 月第 1 版
印　　次	2020 年 12 月第 1 次
字　　数	180 千字
印　　张	8
开　　本	710 mm × 1000 mm　1/16
书　　号	ISBN 978－7－5532－0902－9
定　　价	30.00 元

天猫旗舰店:http://gzkjcbs.tmall.com
京东专营店:http://mall.jd.com/index-10293347.html

《贵阳市康养产业发展及康养人才需求研究》编委会

主　　编：冉江舟（贵阳护理职业学院党委书记）
　　　　　杨　静（贵阳护理职业学院党委副书记、院长）
专家顾问：何志旭　曹　煜　周戈耀
副 主 编：毛越华　吴学玲
执行主编：陈嬢嬢
编　　委：邓朝晖　夏忠玉　张学桐　张　宏　陈仪坤
　　　　　李若淳　秦　皓　张明月　赵炜玮　胡怀宇
　　　　　肖奇志　朱　珠　冯勇军
编写人员：冉　晓　陈　兰　杨　熙　陈晓靓　方　乐
　　　　　陈信羽　毛佳璇　郑立宏

前言 PREFACE

《"健康中国2030"规划纲要》指出:"健康是促进人的全面发展的必然要求,是经济社会发展的基础条件。实现国民健康长寿,是国家富强、民族振兴的重要标志,也是全国各族人民的共同愿望。"随着人口老龄化的加剧和人民生活水平的不断提升,健康与养老问题已成为我国亟待解决的社会问题。因而,进一步促进健康老龄化,为老年人提供治疗期住院、康复期护理、稳定期生活照料、安宁疗护一体化的健康和养老服务,促进慢性病全程防治管理服务同居家、社区、机构养老紧密结合,成为推动康养产业融合发展的必然要求。国家通过健康中国战略等相关政策大力支持康养产业发展,积极探索康养产业发展新模式,促使涵盖健康、养老、养生的康养产业开始进入飞速发展的时期。

贵州气候宜人,环境优美,是休闲、度假、观光、疗养的理想胜地,发展康养产业,优势明显、潜力巨大、前景广阔。贵阳市作为贵州的省会城市,是全省的文化、政治和经济中心,交通设施齐全、人才资源汇聚、冬无严寒、夏无酷暑,中药材资源丰富,气候环境与区位优势明显,为建设大健康产业新高地奠定了坚实的基础。

近年来,贵阳市紧紧围绕"一品一业、百业富贵"发展愿景,以"市场引领、贸易先行、以贸促工、工贸并进"为路径,坚持高标准要求、高水平开放、高质量发展,立足打造"爽爽贵阳·消费天堂"品牌,发展高端康养产业是发挥其生态环境优势、自然资源优势和良好资源禀赋的必然选择。

积极应对人口老龄化已成为国家战略,自2005年起,60周岁及以上贵阳市户籍老年人比例已超过10%,贵阳市正式步入老龄化时代。截至2019年底,全市60周岁及以上老年人总数71.5万人,老龄化率16.6%,老龄化带来的社会负担越来越重。此外,随着经济社会的发展和工作节奏的变快、压力的增加,亚健康群体人数越来越多,人们对健康养生的需求越发强烈。面对重重压力与挑战,尚处于起步阶段的贵阳市康养产业,仍然需要针对还没有成立针对老年病、慢性病、亚健康及康养服务管理的专门机构,康养品牌尚未确立,龙头企业匮乏,高、中、底端人才急需,行业标准缺位等不足与问题,不断探索与创新、抢占先机,以康养产业的进一步发展助推贵阳市经济发展、转型、升级。

因此,编委会根据贵阳市康养产业特点与现状,进一步分析贵阳市康养产业、专业人才储备与培养面临的问题,深入挖掘贵阳市发展康养产业的竞争优势,浅析职业教育在高素质康养技术技能人才培养方面的优势和地位,为贵阳市发展康养产业提出对策和建议。

编委会
2020 年 10 月

目 录

第一章 康养相关概念及内涵 … 1
一、康养的概念和内涵 … 3
（一）养 老 … 3
（二）养 生 … 3
（三）养 身 … 4
（四）养 心 … 4
（五）养 神 … 4
二、康养产业的概念和内涵 … 4
三、发展康养产业的意义 … 5
四、康养关联产业的分类和内涵 … 5
（一）基于养护对象生命长度分类 … 6
（二）基于养护对象生命丰度分类 … 6
（三）基于养护对象生命自由度分类 … 6
（四）基于关联产业属性分类 … 6
（五）基于康养资源类型分类 … 7
（六）基于海拔空间分类 … 7
五、康养产品的分类和内涵 … 7
（一）功能性食品 … 7
（二）特殊用途食品 … 8
（三）营养补助食品 … 8
（四）药食同源产品 … 8
（五）青少年康养产品 … 8
（六）妇孕婴幼康养产品 … 8
（七）智能健康养老产品 … 8
（八）智慧健康养老服务 … 9

（九）养老金融 ··· 9

第二章　全球康养产业发展现状与展望 ································ 11
　一、发展现状 ··· 13
　　（一）健康管理产业发展现状 ·· 13
　　（二）康复医疗产业发展现状 ·· 15
　　（三）森林康养产业发展现状 ·· 15
　　（四）温泉康养产业发展现状 ·· 17
　　（五）健康养老产业发展现状 ·· 18
　　（六）康养专业人才队伍现状 ·· 20
　二、全球康养产业发展趋势 ·· 20
　　（一）康养产业互融共生性强 ·· 20
　　（二）康养产业市场更加细分 ·· 21
　　（三）关注全年龄段康养产品 ·· 21
　　（四）康养服务专业化、便捷化 ··· 21

第三章　中国康养产业发展现状与展望 ································ 23
　一、我国康养产业发展背景及展望 ··· 25
　　（一）产业发展的政策红利不断释放 ······································· 25
　　（二）康养产业是区域战略性支柱产业 ···································· 26
　　（三）康养基础配套设施正逐渐完善 ······································· 26
　　（四）全国康养水平正持续不断攀升 ······································· 26
　　（五）"数字+"为产业带来发展机遇 ······································· 26
　　（六）中医药助推中国式康养的发展 ······································· 27
　　（七）康养产业的国际合作不断深化 ······································· 27
　二、健康管理产业发展现状与展望 ··· 27
　　（一）健康管理产业发展现状与展望 ······································· 27
　　（二）慢性病管理现状与展望 ·· 29
　　（三）亚健康管理现状与展望 ·· 30
　　（四）健康管理教育体系构建 ·· 31
　　（五）健康体检产业发展现状与展望 ······································· 32
　三、我国康复医疗产业发展现状与展望 ······································· 35
　　（一）国内康复医院发展现状 ·· 35

（二）探索三级康复医疗服务体系 ……………………………… 37
　　（三）康复专科医院发展展望 …………………………………… 38
四、我国森林康养产业发展现状与展望 ……………………………… 42
　　（一）森林康养产业概况 ………………………………………… 42
　　（二）森林康养产业发展现状 …………………………………… 42
　　（三）森林康养产业发展展望 …………………………………… 45
五、我国温泉康养产业发展现状与展望 ……………………………… 47
　　（一）温泉康养产业概况 ………………………………………… 47
　　（二）温泉康养产业发展现状 …………………………………… 48
　　（三）温泉康养产业发展展望 …………………………………… 50
六、我国养老产业发展现状与展望 …………………………………… 52
　　（一）养老产业发展现状 ………………………………………… 52
　　（二）养老产业发展存在的问题 ………………………………… 53
　　（三）养老产业发展展望 ………………………………………… 54
七、我国医药产业发展现状与展望 …………………………………… 55
　　（一）医药产业概况 ……………………………………………… 55
　　（二）医药产业发展现状 ………………………………………… 55
　　（三）医药产业发展展望 ………………………………………… 56
八、我国康体运动产业发展现状与展望 ……………………………… 57
　　（一）康体运动产业概况 ………………………………………… 57
　　（二）康体运动产业发展现状 …………………………………… 58
　　（三）康体运动产业发展展望 …………………………………… 59

第四章　贵阳市康养产业发展现状 …………………………………… 61
一、贵阳市康养产业总体概况 ………………………………………… 63
　　（一）健康管理产业 ……………………………………………… 63
　　（二）健康体检产业 ……………………………………………… 65
　　（三）健康医疗产业 ……………………………………………… 66
　　（四）健康养老产业 ……………………………………………… 67
　　（五）健康医药产业 ……………………………………………… 70
　　（六）康复医疗产业 ……………………………………………… 70
　　（七）康体运动产业 ……………………………………………… 73
　　（八）康养休闲养生产业 ………………………………………… 73

二、贵阳市康养人才需求与培养现状 ……………………………………… 74
　　(一)贵阳市康养产学研平台发展现状 …………………………… 74
　　(二)贵阳市康养人才需求与队伍建设现状 ……………………… 77
　　(三)贵阳市康养产业学科建设现状 ……………………………… 78
三、康养应用型人才职称晋升体系现状 ……………………………… 79
　　(一)构建康养应用型人才职称晋升体系的内涵要义 …………… 79
　　(二)康养应用型人才职称晋升体系现状 ………………………… 81
　　(三)康养应用型人才职称晋升体系构建的难点 ………………… 82

第五章　贵阳市康养产业发展SWOT分析 ……………………… 85

一、贵阳市康养产业发展机遇分析 …………………………………… 87
　　(一)美好生活的新需求,开启康养产业的新时代 ……………… 87
　　(二)健康理念的新认识,促进康养产业的新发展 ……………… 87
　　(三)顶层设计的新定位,催生康养产业的新战略 ……………… 88
　　(四)社会民生的新矛盾,带来康养产业的新挑战 ……………… 89
　　(五)康养产业的新业态,迎来人才培养的新机遇 ……………… 90
二、贵阳市康养产业面临威胁分析 …………………………………… 91
　　(一)高、精、尖技术缺乏,阻碍康养产业跨越发展 …………… 91
　　(二)亟须具有医学背景的康养专业人才 ………………………… 91
　　(三)资金、土地落实难 …………………………………………… 92
　　(四)养老产业发展遭遇双重瓶颈 ………………………………… 92
三、贵阳市康养产业发展优势分析 …………………………………… 93
　　(一)健康医疗、健康医药产业加速发展 ………………………… 93
　　(二)健康养老产业不断创新发展 ………………………………… 93
　　(三)健康管理与大数据融合亮点突出 …………………………… 93
　　(四)健康药食材产业链条不断延伸 ……………………………… 94
　　(五)康养引领大生态融合发展 …………………………………… 94
四、贵阳市康养产业发展劣势分析 …………………………………… 94
　　(一)高质量康养基础设施不足 …………………………………… 94
　　(二)康养产业发展还处于初级阶段 ……………………………… 95
　　(三)森林康养发展要素不齐 ……………………………………… 95
　　(四)标志性温泉康养项目欠缺 …………………………………… 95
　　(五)健康养老市场缺乏增长活力 ………………………………… 96

（六）康养专业人才供需不平衡 ··· 96
（七）康养应用型人才职称晋升体系缺乏 ······································ 96

第六章　贵阳市康养产业发展对策建议　　　　　　　　　99

一、让康养资源优势成为贵阳市康养产业特色和亮点 ························ 101
（一）以"六度"的资源优势着力发展气候康养 ································ 101
（二）以"千园之城"的生态优势发展森林康养 ································ 102
（三）以中药与民族药的优势发展民族医药康养 ······························ 103
（四）以四通八达的便捷交通优势发展康养小镇 ······························ 104
（五）以周密完善的政策法规优势发展旅居养老 ······························ 104
（六）以天然温泉与康养结合发展全域旅游品牌 ······························ 105
（七）以山地旅游与康养结合发展休闲旅游产业 ······························ 106

二、让产教融合成为贵阳市康养产业转型升级突破口 ························ 107
（一）创建一个康养产教融合型实训基地 ······································ 107
（二）打造一个国际产教融合养老示范中心 ···································· 107
（三）建成一个国内装备水平一流的康复医院 ································· 108
（四）组建一个康养产教融合示范职教集团 ···································· 108

三、构建康养应用型人才职称晋升体系，稳定康养人才队伍 ·················· 109
（一）构建康养应用型人才职称晋升体系的思路 ······························ 109
（二）构建康养应用型人才职称晋升体系的原则 ······························ 110
（三）康养应用型人才职称晋升体系的主要内容 ······························ 110
（四）构建康养应用型人才职称晋升体系的保障 ······························ 112

第一章
康养相关概念及内涵

第一章 康养相关概念及内涵

一、康养的概念和内涵

《康养蓝皮书：中国康养产业发展报告(2018)》将康养概念界定和产业梳理作为研究重点，从多个维度对"康养"进行全面的解析。① 一是以康养概念来统摄健康、养生和养老，并依次将康养分成3个维度：健康维度，包括健康、亚健康、临床等状态，康养致力于让人回到良好的健康状态，以增强生命自由度；养生维度，包括身体、心理、精神3个层面，康养应包含对"身""心""神"的全面养护，以增强生命丰度；养老维度，包括孕、婴、少、青、中、老等人生不同阶段，康养是对生命全周期的养护，不仅致力于延长生命长度，更关注提高生命质量。二是将康养看成"以养为手段、以康为目的"的活动，是对生命长度、宽度、自由度"三位一体"的拓展过程，是结合外部环境改善人的身、心、神，并使其不断趋于最佳状态的行为。康养的核心功能在于尽量提高生命的长度、丰度和自由度。除了老年人群体之外，从健康群体到亚健康群体，再到病患群体，都有必要纳入康养的范围。

（一）养 老

养老指的是针对老年人群的设施保障和系列服务，老年人所需的物质保障、精神慰藉、照料看护、价值实现等生活支持和系列服务都在其列。养老是老龄工作的主要任务。

（二）养 生

养生就是养护身体和心理以提升生命质量，是根据人的生命发展和自然发展的规律，采取能够养护身体、降低发病率的所有手段，以延年益寿为目的。因此，养生活动应贯穿于孕、婴、少、青、中、老整个生命过程。

养生可以采取养精神、调饮食等多种方式。

---

① 高飞.《康养蓝皮书：中国康养产业发展报告(2018)》在京发布[J].山西农经,2019(18):15.

（三）养　身

养身即对身体的养护,保证身体机能不断趋于最佳状态或者保持在最佳状态,是目前康养最基本的养护内容和目的。

（四）养　心

养心即对心理健康的关注和养护,使康养消费者获得心情愉悦、心理健康、内心积极向上的体验。

（五）养　神

养神即对人的思想、信仰、价值观念等精神层面的养护,旨在保证个人精神世界的健康和安逸。

二、康养产业的概念和内涵

康养产业就是由为社会提供康养产品和服务的各产业部门组成的业态总和,涉及国民经济多个部门与行业。广义的康养产业是围绕人的整个生命周期提供服务的产业,其内容包括为实现人的长期健康和幸福而形成的各种产业集合;狭义的康养产业指以60周岁及以上人群为主要服务对象,围绕其衣、食、住、看护、医疗、文娱等需求,以服务为主要内容的综合性产业。本书对康养产业的定位为广义的康养产业,即围绕人的整个生命周期提供服务的产业。

三、发展康养产业的意义

《"健康中国2030"规划纲要》提出："立足全人群和全生命周期两个着力点，……使全体人民享有所需要的、有质量的、可负担的预防、治疗、康复、健康促进等健康服务，……要覆盖全生命周期，针对生命不同阶段的主要健康问题及主要影响因素，确定若干优先领域，强化干预，实现从胎儿到生命终点的全程健康服务和健康保障，全面维护人民健康。"可以看出，目前学术界及政府部门对"康养"的定位就是对全人类的全生命周期中身体、心理、社会等方面的疾病预防、疾病治疗、康复、健康促进的服务。因此，大力发展康养产业对于我国经济社会发展具有重要的意义和作用。首先，发展康养产业是惠民生的必然要求。我国老年人口数量庞大，养老形势严峻，需求层次多样，由全社会老龄化产生的巨大刚性需求亟待满足。其次，发展康养产业也是调结构的必然要求。康养产业的发展状况直接影响现代服务业的发展水平，从而影响经济结构调整的完善程度。再次，发展康养产业还是转方式的必然要求。康养产业是增长性和可持续性更为强劲的产业，通过开发"第二次人口红利"，可以助推经济发展方式成功转型，促进经济社会可持续发展。最后，发展康养产业对扩内需、促就业等具有重大现实意义。康养产业属于健康服务业中的新兴产业，覆盖面广、产业链长，能推动体育、卫生、旅游、文化创意、金融服务等产业的有机融合，能对康养产业的众多上、下游产业发展产生强劲带动效应。

四、康养关联产业的分类和内涵

自2014年地产、医疗、保险、制药等行业介入康养产业，2015年旅游、康护、互联网、体育等行业介入康养产业，康养产业目前呈现出集休闲旅游、生态农业、生物医药、医疗器械、装备制造、现代服务等于一体的产业集群化发展趋势。康养关联产业可基于以下维度进行分类：

（一）基于养护对象生命长度分类

可分为妇孕婴幼康养产业、青少年康养产业、中老年康养产业。其中，中老年康养产业包括养老、慢性病管理、医疗旅游、健康检测、营养膳食、老年文化等相关产业及周边产业。养老产业，指为老年人提供设施、特殊商品、服务，满足老年人特殊需要的全方位产业链，包括老年人衣、食、住、行、用、医、娱、学等物质、精神文化方面，是多个产业相互交叉的综合性产业，是由老年市场需求拉动而兴起的新兴产业。

（二）基于养护对象生命丰度分类

可分为养身产业、养心产业、基于养神的康养产业。①养身产业包括保健养生、运动休闲、旅游等。②养心产业主要有心理咨询、休闲度假等。③基于养神的康养产业涉及内容有安神养神产品、宗教旅游、禅修服务等。

（三）基于养护对象生命自由度分类

根据个体健康状况，可把人群分为健康、亚健康和病患3类。健康人群注重保养、亚健康人群注重疗养、病患人群注重医养。①基于健康人群的康养产业主要集中在体育、健身、旅游、休闲等行业。②基于亚健康人群的康养产业主要集中在卫生保健和康复理疗等行业，如养身、康复运动、中医药保健、休闲旅游等行业。③基于病患人群的康养产业主要集中在3个层面——医疗、医护等医疗服务业，药物制造加工业，医疗装备、器械等装备制造业。

（四）基于关联产业属性分类

可以分为康养农业、康养制造业、康养服务业3类。①康养农业是指所提供的产品和服务主要以健康农产品、农业风光为基础和元素，或者是具有康养属性、为康养产业提供原材料的林、牧、渔业等融合业态。主要以农业生产为主，满足消费者有关生态康养产品和体验的需要。②康养制造业泛指为康养产品和服务提供生产加工服务的产业，可分为：康养药业；康养食品产业；康养装备制造业，如养老设备、医疗器械、辅助设备等；康养智能制造业，如可穿戴医疗设备、移动监测设备等。③康养服务业主要由健康服务业、养老服务业和养生服务业组成。健康服务业包括医疗卫生服务、康复医疗、护理服务等行业；养老服务业包括养老院服务、社区养老服务、看护服务、养老金融等行业;养生服务业包括健康咨询、美容美体、养生旅游等行业。

(五)基于康养资源类型分类

可分为气候康养、温泉康养、森林康养、海洋康养、中医药康养5类。①气候康养是以宜人的地区或季节性自然气候条件为康养资源,配套各种度假、养生、养老等服务和产品而形成的综合性产业。②温泉康养是利用温泉本身的保健和疗养功能,以"温泉+中医药"或"温泉+养生理疗"打造的各种温泉汤浴、温泉度假、温泉庄园、温泉小镇等。③森林康养是指依托空气清新、环境优美的森林自然资源,形成的包括运动、度假、疗养、养生、养老等众多业态的集合。④海洋康养是指依托海水、沙滩、海洋食物等海洋资源建成的海上运动、海水和沙滩理疗、海边度假庄园等产业。⑤中医药康养是以传统中医、中医疗法和中草药为核心资源形成的一系列业态集合。

(六)基于海拔空间分类

可分为山地康养、高原康养、丘陵康养、平原康养4类。①山地康养是针对户外运动爱好者和静心养性者呈现一动一静的形态,主要有登山、徒步、攀岩、山地赛车、户外生存、户外瑜伽、户外禅修等。②高原康养是以高原独有的气候、自然环境和文化形成的以休闲旅游、民族医药、宗教文化等为主的康养业态。③丘陵康养是指由于丘陵特殊的景观和生态环境,形成以生态体验、农业种植为主的产业。④平原康养主要集中在农业发达地区,康养产品以绿色果蔬种植、保健食品加工为主。

五、康养产品的分类和内涵

(一)功能性食品

也称保健食品,是一个特定的食品种类。它指具有调节人体机能的作用,但不以治疗疾病为目的,而以发挥特定保健功能或者补充维生素、矿物质为目的,适于特定人群食用,并且对人体不产生任何急性、亚急性或者慢性危害的食品。

(二)特殊用途食品

即医疗用食品,例如患有谷类蛋白过敏症的病人,必须吃经特殊处理(如将小麦蛋白、米蛋白等提取出来)的谷类,以避免疾病的复发。

(三)营养补助食品

包括食品中添加的各类营养补助品,或除去某些抑制营养因素的食品,例如复合型维生素丸、钙片、铁剂。

(四)药食同源产品

"药食同源"指许多食物即药物,它们之间并无绝对的分界线。古代医学家将中药的"四性""五味"理论运用到食物之中,认为食物也具有"四性""五味"。国家卫生健康委员会《按照传统既是食品又是中药材物质目录管理办法(征求意见稿)》,最新公布了100种药食同源物质名单。药食同源产品,就是以国家发布的药食同源物质目录生产的保健食品,介于保健品与药品之间,既有药品的治疗效果,又有食品的安全性、稳定性。

(五)青少年康养产品

指为满足青少年群体康养需要的产品集合,如健身赛事、中医药疗养、康复医疗、亚健康防治、心理诊疗、美容美体等相关产品和服务。

(六)妇孕婴幼康养产品

指医疗保健、产前检查、产后恢复、妇幼膳食、胎儿早教、小儿推拿、益智玩具等围绕妇孕婴幼群体的康养产品。

(七)智能健康养老产品

智能健康养老产品是紧密结合大数据、物联网、云计算等新一代信息技术,具备显著信息化、智能化特征的新型智能健康养老终端产品,主要包括可穿戴健康管理设备、便携式健康监测设备、自助式健康检测设备、智能养老监护设备、家庭服务机器人5大类。

(八)智慧健康养老服务

智慧健康养老服务是充分利用数字技术和智能健康养老产品,创新服务模式,为民众提供的新型健康养老服务,主要包括慢性病管理、居家健康养老、个性化健康管理、互联网健康咨询、生活照护、养老机构信息化6大类。

(九)养老金融

养老金融主要研究对象是用养老基金投资的金融资产、不动产、衍生工具和另类投资。中国学者对养老金融概念进行了一定的拓展,但其核心总体上与国外的养老金融概念一致,即属于养老金资产管理的范畴,仅在外延有所扩展(一是关注养老金对资本市场的影响,二是关注养老金的制度架构)。

第二章
全球康养产业发展现状与展望

一、发展现状

(一)健康管理产业发展现状

1. 美国健康管理发展状况

(1)健康管理概念的提出和运用。健康管理概念的提出和运用最初出现在美国。生存环境恶化、人口老龄化加剧、慢性病人群不断增长,直接导致美国医疗卫生需求过度增长,以健康管理为中心的卫生服务模式应运而生。在美国,最先应用健康管理的是保险行业。[②] 20世纪60年代,美国保险业即提出了健康管理的概念。医疗保险业的管理者通过长期观察,认为应用健康管理技术可以在早期鉴别出高危人群,通过健康管理减少投保人的患病风险,既能提高个人的健康水平,又能减少医疗费用支出,增加行业收益,使投保人与保险公司双方受益。[③]

(2)全美健康管理计划的实践。1979年美国政府制定了"健康人民"的健康管理计划,该计划是全国性的,由美国卫生与公众服务部主持,每10年1次,循环反复,旨在逐步提高全体国民的健康水平。该计划包括2个目标:一是提高健康生活质量,延长健康寿命;二是消除健康差距。美国政府在全民健康管理中不仅指明了方向,更在政策上大力支持,起到了积极的倡导作用,使美国健康管理取得了显著的成就。美国经过20多年的实践得出了一个结论:任何企业及个人都能通过健康管理获益,这不仅包括直接医疗费用的降低,还有与健康相关问题的其他获益。从卫生经济学的角度来说,健康管理可以协助卫生资源达到高效合理的配置。

2. 德国健康管理发展状况

德国的健康管理与德国的医疗保险体系紧密结合。德国的医疗保险主要有法定健康保

---

② 王锐杰.商业健康保险公司开展健康管理服务的国外比较研究[J].金融经济,2018(12):140-141.
③ 邵刚,徐爱军,肖月,等.国外健康产业发展的研究进展[J].中国医药导报,2015,12(17):147-150.

险和私人健康保险。2002 年德国政府通过立法,把疾病管理纳入法定医疗保险体系范畴。2008 年德国私人保险公司启动慢性病护理管理方案。该方案以病人为中心,考虑慢性病危险因素和个人不良行为方式,采用美国健康管理策略,对全部人群进行健康管理,其目的是使更多的人获得更多的健康服务。

3. 芬兰健康管理发展状况

芬兰的健康管理始于 20 世纪 70 年代一个对心血管疾病的干预和评估项目。该项目以社区为平台,发动各种社区组织和当地健康保健机构共同参与,强调通过改变自然和社会环境来影响和改变人们的不良生活方式。干预策略主要有媒体宣传、举办专题节目、医生参与等,干预效果由芬兰国家公共卫生学院每年进行评估。之后芬兰政府陆续进行了一系列卫生保健管理改革,如开展新公共卫生管理、质量管理、权力下放管理、以病人为中心的管理等。

4. 泰国健康管理发展状况

健康管理在发展中国家的起步较晚,开展健康管理的国家不多。泰国《卫生纲要(2001—2004)》(以下简称"《纲要》")中关于未来卫生改革的策略与健康管理的理念较为接近。《纲要》指出,为实现未来卫生发展的目标,泰国政府在第七个国家经济和社会发展计划中采取一系列卫生改革策略和措施,如开发卫生管理系统,发展健康保险,开发监测、预防和控制健康问题的网络系统,创造学习健康技能的机会,开发社区健康监测系统,加强健康效果评估建设,等等。

5. 日本健康管理发展状况

日本根据本国实际情况,将健康体检别出心裁地融于"医疗 + 观光"这一康养计划中,这种模式可以让游客在赴日旅游的过程中借机去体检中心接受体检,更可以让想去体验日本医疗技术手段的人在接受体检后进行日本观光之旅,以带动当地旅游业的发展。从地理位置来看,日本的大多数体检中心都靠近商业街和景点,基本都在步行范围之内,方便游客在体检中心体检后在附近进行消费和娱乐。不少游客选择把等待体检结果的时间拿来购物或者泡温泉,以此来愉悦身心,也极大地促进了当地经济增长。

6. 定期健康体检正日益受到重视

健康体检在国外已有上百年的历史,1861 年英国一位医生提出:定期体检可以预防疾病及死亡。同时强调,对于没有明显病症的市民,应由受过良好教育的医生来进行包括家族病史、个人病史、生活环境、生活习惯的调查,以及对身体器官的状态、机能及体液、分泌物等的检查,将检查结果以报告书的方式来通知,并给以必要的建议。因此,健康体检对于民众的健康是有益的。德国康养产业除了提供基本的设施服务外,还拥有有关养老的医疗器械公司和健康体检医院,通过定期体检最大限度保障老年人的健康。

(二)康复医疗产业发展现状

大部分发达国家和地区建立了结构清晰且功能明确的三级康复医疗服务体系:三级康复——美国的急性期康复,英国的急诊医院,中国香港的区域医院;二级康复——美国的急性后康复,英国的康复医院,中国香港的康复医院;一级康复——美国的长期照护,英国的社区康复,中国香港的社区康复。如美国、英国和中国香港,能够在三级康复医疗服务体系内进行及时治疗和转诊:三级康复医疗机构在急性期及早介入,开展床边康复,主要负责急症期康复、手术前康复指导和手术后呼吸训练、创口急性期处理等;病情稳定后转向二级康复医疗机构,由其提供专业、全面的康复服务;不需要住院治疗的,就可以尽快转至社区和家庭进行康复,由一级康复医疗机构提供后期康复指导和照顾。三级机构之间构建以功能评价为依据的康复流程,进而形成上下互联互通的康复医疗联合体。三级康复医疗服务体系既能保证患者接受恰当的康复治疗服务,又能及时转诊,从而节省医疗费用。

(三)森林康养产业发展现状

1. 森林康养发展历程

森林康养起源于19世纪40年代的德国,流行于美国、日本、韩国及欧洲发达国家。在国外,森林康养的发展经历了3个阶段。第一阶段是19世纪40年代,德国创立了世界上第一个森林浴基地,形成最初的森林康养概念。第二阶段是1982年日本林野厅首次提出将森林浴纳入健康的生活方式,并举行第一次森林浴大会。1982年韩国开始提出建设自然疗养林,1988年确立4个自然养生林基地,1995年将森林解说引入自然养生林,启动森林利用与人体健康效应研究。第三阶段是2000年以后,森林康养在全世界蓬勃发展。

2. 各国森林康养特色

1980—2000年期间,日本和韩国也开始积极发展森林康养产业,培养了大批具有专业素质的森林疗养讲解员、森林疗养师,建立了经过医学验证的森林疗养基地。德国、美国、日本、荷兰、英国、挪威和韩国等国家依托丰富的森林自然资源,纷纷以不同形式不同程度地实践和开展各类康养疗法,并取得了一定的成效。

专栏 1：各国森林康养特色案例

(1) 德国的黑森林康养。德国是森林康养的发源地。德国黑森林享誉世界，发展黑森林康养产业可促进现代人健康生活质量的提高，起到预防和治疗疾病的作用。目前，德国的森林疗养地有 350 余处，每年大约接待 30 万人，每人平均停留时间约为 3 周。德国自然疗法疗养地有 61 处，约占全部疗养地的 16%。在这种类型的疗养地中，森林疗养发挥着重要作用，森林步道作为重要的疗养设施，设计也最为讲究。疗养地被纳入德国的国民医疗系统中，需要进行康复或治疗的病人持医生开具的处方到医疗机构指定的疗养地疗养，便可医保报销，每 4 年可申请 1 次。

德国巴登巴登小镇位于黑森林国家公园的西北角，是世界著名的文化遗产小镇，同时也是德国重要的森林康养小镇。一是构建了以预防和保健为主、治疗为辅的康养体系。小镇配有众多医疗技术先进的特色诊所，可同时为康养者提供森林浴、温泉浴、心理调节及由内至外的全方位小镇疗养治愈服务。二是构建了度假、康养特色的文化休闲中心。三是构建了旅游、康养综合型产品体系。针对不同年龄的人群打造包括饮食、住宿、SPA 等具有针对性的休闲服务设施，为老年人提供贴心的医疗、水疗服务及慢节奏小镇游览等项目。

(2) 瑞士的康养旅游。瑞士康养旅游的消费水平居世界之首。瑞士康养旅游产业发展主要依托得天独厚的山水自然资源与极高的医疗水平。早在 2012 年，瑞士康养旅游业收入在旅游业总收入中占 17%~20%。其医疗机构、水疗机构及度假村的数量仍逐年增加，市场始终呈稳定增长趋势。瑞士的康养旅游包括医疗旅游（市场份额约 30%）、水疗及其他健康保健类旅游。据报道，瑞士的康养旅游业价值超过 30 亿瑞士法郎，是增长最快的行业之一，同时也是欧洲健康和养生旅游领域的第二大市场。

(3) 日本的森林康养。日本拥有世界上最先进的森林养生功效测定技术，森林疗养理论的研究和实践水平也是世界领先的。日本建立了完备的森林疗养基地认证制度和森林理疗师考核制度，设置了固定的森林疗养课程，至 2019 年已认证 63 处森林疗养基地。2004 年，日本林野厅作为早期森林疗法的主要推动者出台了《森林疗法基地构想》，并规划了十年建设目标。2006 年，日本设立"森林疗法协会"对森林疗法基地进行认证，主要认证人员包括森林疗法向导和森林理疗师。森林疗法向导是指为提升森林浴效果，引领游客进行散步与运动的向导，通常面向当地居民招募，旨在为当地提供就业岗位。该职业资格采用网络教学方式，并提供电子化资格证书。通过森林疗法向导资格考试之后，学员可以申请森林理疗师执业资格考试。森林理疗师的要求更为严格和专业，不仅要掌握森林医学的技能，了解林学、生态学、森林药学知识，掌握急救等安全保障技能，同时还需有健

续：

> **专栏1：各国森林康养特色案例**
>
> 康与心理方面的专业知识及较高的沟通能力，并能向需森林疗法治疗者提供高质量的保健服务，对森林疗法的实践活动加以指导。
>
> 日本FuFu山梨保健农园位于日本山梨市牧丘町，拥有丰富的自然资源和先进科学的管理体系，是日本知名的森林疗养基地。FuFu山梨保健农园以基地酒店为载体，以丰富的自然资源为基础，以"健康管理服务"理念为指导，以专业化人才和先进设备保证治疗效果，通过提供"定制化森林疗养课程"的方式，帮助不同需求的客人体验深度康养。
>
> （4）韩国的森林康养。韩国目前拥有比较完善的森林疗养基地标准和相对应的森林疗养服务人员等级培训及资格认证体系。韩国目前运营中的疗养林有8处，包括山阴自然休养林、青太山自然休养林等，建造中的疗养林33处。韩国的疗养林通过分级管理体系进行运营，从而为民众提供多样化、系统化的森林疗养基地。
>
> 韩国山阴自然休养林是位于深谷中自然景观秀美的休养林地，是韩国山林厅经营的治愈之林（健康增进中心），针对不同年龄和需求的人群进行市场细分，建有健康促进中心1栋，疗养林路1.5 km，还有赤脚体验路和自然疗养庭院等。采用"全年龄疗养模式"，完整地对应市场需求，让每一个年龄段的人都可以享受到专属的森林疗养项目。

（四）温泉康养产业发展现状

1. 温泉康养发展历程

欧美国家把高于20 ℃的地下水称为"温泉"。日本把水温高于或等于25 ℃，且矿物质含量在1000 mg/L以上的地下水称为"温泉"。欧洲各国温泉产业的结构和特点有很大差异，早期对温泉的开发以医疗型温泉为主，温泉旅游开发的研究也主要体现在温泉旅游资源的医疗作用上，经历了"疗养、洗浴保养、综合性休闲、综合温泉度假观光"的历史轨迹。目前，温泉旅游开始由医疗导向向休闲娱乐导向转变。

2. 各国温泉康养特色

医学水疗被誉为"下一代的水疗产业"，按照国际医疗SPA协会的定义，医学水疗机构的主要目的是提供综合性医疗和康体服务，将SPA服务与传统经典疗法和现代医疗科技相整合。德国、斯洛伐克和日本都有年接待量超过百万人次的单体温泉乐园项目。日本以"汤治文化"为标签,在融合东西方温泉特点的基础上把温泉变成一种生活方式。匈牙利黑维斯温泉湖是世界唯一的天然温泉湖,是欧洲最大的硫磺泉,湖水水温为33~36 ℃,在此进行温泉疗养有利于风湿病患者康复;湖底呈漏斗形,沉积的几米厚的火山泥具有多种医疗美容功效。冰岛蓝泻湖温泉位于冰岛雷克雅尼斯半岛,是著名的地热温泉,湖水富含硅、硫等矿物质,有益皮肤健康。阿罗萨(Arosa)是瑞士东部格劳宾登州的小镇,也是阿尔卑斯山旅游度假区中的著名温泉疗养胜地。Tschuggen Bergoase 酒店位于阿罗萨,是瑞士乃至欧洲的顶级温泉疗养酒店,特色是以最新科技为保障的医学水疗服务,即静心、指压、排毒、美容与平衡肌体和减肥5项特色服务。酒店积极与周边的滑雪场、民俗村等旅游项目联动,打造动静相宜、练养相融的山地康养度假项目以吸引游客,延长游客停留时间和提高医学水疗消费率。酒店通过将山地康养资源与先进科技和关联业态相结合,实现远超常规山地温泉旅游项目的经济效益。

(五)健康养老产业发展现状

在发达国家,康养产业以"医养结合"的服务模式最为普遍,主要是将医疗资源与养老资源有机结合,实现社会资源利用效率的更大化。"医养结合"将医院的必要检查和技术与康复、养护、养老等相融合,从技术上尽可能地实现疾病转归,使病人的各项机能得到恢复。"医养结合"的发展模式,就是把医疗、生活、康复、养护、养老等合为一体,是人类医疗改革创新中的重点康复工程,是一种切实可行的医疗改革新模式。其中,"医"主要就是治疗和康复,包括有关疾病转归、评估观察、咨询检查、诊治护理、大病康复及临终关怀等医疗技术上的服务;"养"包括生活和心理上的护理、日常照护、日常活动等服务。

1. 美国医养结合模式

老年人全包服务项目是一种针对社区里55周岁及以上、经评估后需要进行养护照顾的低收入老年人的医疗服务模式,服务内容包括:提供社会服务,提供餐饮、照料服务和医疗费用,提供居家养老老年人的住房整修费用。集中养老居所服务项目是针对居住在政府资助房屋中的低收入、体弱的或残疾的老年人的服务项目,是政府层面的健康养老政策,服务内容为:每天一次的热餐供应和其他支持性服务。美国实行居家养老长期照护制度,将长期照护作为一个产业,重视护理人员的作用,适合相对年轻、健康的老年人,使老年人在家中就可以享受到便捷的生活和医疗照护。

2. 日本医养结合模式

日间照顾中心针对白天家里没有人照顾的65周岁以上老年人群,每个服务站配1名护士,处理专业照护问题。养老院主要接收失智、失能老年人,工作人员由护士、介护士、福祉士组成,护士主要从事专业照护工作,介护士的工作相当于护工,福祉士负责协调服务站和养老院的工作。老年公寓为健康、生活能自理的老年人提供一般医疗和生活照顾服务。

日本医养结合模式的特点是有完善的法律制度,老年人可以得到社会福利、保险、保健等方面的制度保证和法律支持。老年照护的费用90%来源于保险费用和公费。日本家庭观念强,78%的老年人愿意居家养老,仅22%的老年人愿意接受机构照护服务。因此,照护服务以居家照护服务为主,包括上门生活护理、上门康复训练、日托服务等。

3. 德国医养结合模式

德国是世界上最早建立公共养老体系的国家,1995年开始实施长期照护保险制度,鼓励居家养老。居家养老模式包括居家上门护理、日间照料中心和短期托老所;护理式养老院提供一般医疗、护理、日常生活服务等;养老院与监护式公寓相结合的模式也很受欢迎,包括护理式的托老公寓、阿尔茨海默病患者护理中心及医务精心护理中心;专家照料院模式由经过专业培训的人员为特殊老年人,如残疾人、阿尔茨海默病患者、肿瘤晚期患者、精神病患者、脑损伤后生活不能自理者及帕金森病患者,提供医疗服务。

4. 瑞典医养结合模式

瑞典政府支持老年人在家养老,通过居家养老减轻政府养老压力。瑞典的医养结合特点是全体国民只要有需要均可接受照护服务,个人承担照护服务费用的比例比日本还要少4%。瑞典实行长期照护服务津贴制度,有效减轻了老年人的养老经济负担。瑞典建立国家健康照护管理委员会,主要负责管理精神残疾和智力障碍老年人居住的老年照护机构、家庭照护机构、老年人照护院等事务。瑞典康复中心为日托性质,工作人员有医生、康复技师、心理治疗师等,向病人提供治疗和咨询服务,并有专车接送入托老年人。政府为使老年人能居住在子女附近,在普通住宅区内建造老年公寓,或者在一般住宅建筑中修建辅助性住宅,方便老年人居住和子女探望。除此之外,老年人可享受免费在公立医院或牙科医院看病治疗的待遇。

5. 澳大利亚医养结合模式

澳大利亚医养结合模式的特点是家庭医生负责制,老年人的家庭医生到照护机构来看护老年人。居住式照护类似中国的机构养老,无法在家里单独生活的老年人可以到老年公寓、养老院和康复中心养老;居家照护服务包括社区老年照护、居家延伸护理、居家社区照顾。澳大利亚重视家庭养老,国家对照护居家养老的老年人的家庭成员给予经济补贴、提供休假,休假期间由社区负责老年人的照护工作。

（六）康养专业人才队伍现状

有关国外康养应用型人才队伍建设和职称晋升的相关研究并不多见，主要为养老护理工作人员工作满意度与职业生涯发展方面的研究。Ann Ohman 等人通过对从事老年人保健服务的瑞典注册护士、物理治疗师和职业治疗师的工作满意度进行调查，结果表明，工作团队的凝聚力、团队氛围，以及是否能提供以老年人为中心的专业护理这几个因素是影响养老专业人员工作满意度的决定因素。Lori Swanchak 等的研究结果表明，提供奖金方面的奖励可能会是学生更强烈地希望加入老年医学实践的影响因素。Foley K. T. 等通过对被授予"老年学术生涯荣誉"的初级养老行业员工进行横断面调查，从而来评估该荣誉对于养老行业员工职业发展等方面的影响。Inge Oster 等研究者通过调查医学生的职业梦想，从而了解他们的就业动机和倾向，其中医学生们不选择老年医学方向很重要的原因是老年医学和老年学给学生未来职业生涯提供的机会不够多，且医学生们对于老年医学方向的职业规划比较茫然。

综上所述，国外有关康养应用型人才职称晋升体系的研究极为少见，但有关康养产业工作人员的职业体验及职业发展相关研究表明，国外康养相关职业也存在人才队伍不稳定、职业生涯发展机会不多的问题。另外，从上述部分研究结果可看到，适当的激励措施能够改善康养产业工作人员的职业满意度，能对他们的职业发展产生影响，这可为构建康养应用型人才职称晋升体系提供依据。

二、全球康养产业发展趋势

（一）康养产业互融共生性强

从供给角度看，康养产业对资源的依赖程度较高，对农业、制造业和服务业都有不同程度的需求。因此，康养产业与旅游业、医疗产业等诸多产业深度融合，呈现多种模式、多元开发状态是未来发展方向之一。

发展康养产业，并联结养老、旅游、农业、医疗、运动等产业探路"康养＋"模式。

"康养+养老"促进新融合,"康养+旅游"构建新格局,"康养+农业"形成新业态,"康养+医疗"创建新模式,"康养+运动"引领新时尚。

与科技融合创新。智慧养老、医疗信息、智能健康设备等创新型企业不断出现,这些企业将康养与新技术融合,实现了康养产品的智能化和信息化,推动了互联网和人工智能等技术在康养领域的应用。伴随着互联网和移动数据技术的快速发展,通过"互联网+"模式,充分应用物联网、移动互联网、大数据、云计算、人工智能等促进康养产业的技术进步、效率提升及商业模式的变革,更好地满足康养消费需求,使移动医疗健康的市场规模不断扩大。此外,"精准医疗""森林康养""康养小镇"等都是在新时期、新的市场需求下衍生的康养产品。

(二)康养产业市场更加细分

康养产业的发展已经不再局限于医疗、养老等单一产业板块,开始向体育、旅游、金融等细分领域纵深发展,并逐渐形成一体化的服务模式。

当前,康养产业链在各个环节上都显得比较分散,对应的资源分布也相对分散,这意味着必须通过大量的资源整合将各个环节有效地连接在一起。而当前的市场竞争力正在由产业运营优势向资本运营优势转变,康养产业的发展势必需要寻找相应的资金、资源、技术和渠道等方面的有效结合途径。因此,在消费多元化和需求多元化的影响下,未来的社区养老模式、母婴康复模式、农村集体养老模式等小众康养产业细分市场也将逐渐发展,同时医疗康复传统模式也将迎来产业化、规模化、专业化发展。

(三)关注全年龄段康养产品

康养产业发展的高级形态,将是联合医疗、金融、地产、物流、体育、旅游、制造等众多产业形成的大康养产业联盟。康养产业的各个环节将会紧扣起来,整合产业链结构,使上下游产业之间有机衔接,形成联动效应。以养老方面产业为例,当前养老机构提供的产品服务大多集中在老年人的生活护理方面,比较单一,今后的发展必定会是在老年疗养、老年理财、老年教育等高层次养老需求方面提供更多、更优质的服务,专门为老年人提供个性化、一站式服务的企业或机构会越来越多。同时,除针对老年人的养生、养老产品外,针对儿童、母婴、中青年等不同人群的康养产品也在不断发展。

(四)康养服务专业化、便捷化

如养老服务模式中,除传统养老机构、养老院形式外,日间照料中心、居家社区养老服务机构、延续护理机构等服务类型成为趋势,在现有的医疗卫生机构、养老机构及社区等多方面实现突破,以不同途径、不同模式,面向社区在全国建成一个覆盖面更广、模式更适宜的康养服务体系,以提升为老年人乃至整个社区居民提供康养服务的能力与水平。

"互联网+"概念与模式已给诸多传统行业带来了深刻变革,基于"互联网+养老"的O2O(线上到线下)产品涌现市场。网络医疗服务成为医疗产业新热点,消费者人数和交易额猛增。患者在线下完成检查,获得初步诊断结果之后,便可通过互联网医院请来自不同地域的专家进行咨询和复诊。互联网医院一方面给予了患者确诊、复诊充分的便利性,使患者足不出户就可享受优质医疗资源;另一方面极大地盘活了线下资源,缩小了区域间医疗条件差距,提高了医疗资源利用率和配置合理性。

第三章
中国康养产业发展现状与展望

一、我国康养产业发展背景及展望

（一）产业发展的政策红利不断释放

党的十九大报告提出了"人民健康是民族昌盛和国家富强的重要标志"，将"实施健康中国战略"作为国家发展基本方略中的重要内容，这意味着健康中国战略是国之大计。康养产业作为健康中国战略的主抓手，是关系到国计民生的特殊的朝阳产业，其覆盖范围广、产业链长，直接影响到国民经济中多个行业的发展，故发展康养产业，无疑是推进经济结构调整和供给侧结构性改革的重要方向。

康养产业相关政策较早出现在养老和医疗领域。老年人及老龄事业历来是国家政策关注的重点，一度被写入国家发展规划中。从1984年国家就医疗体制进行改革开始，到2013年"加快发展养老服务业"，2014年"医养结合+农村养老服务设施"，2015年"中医药+医养结合+智慧养老"，2016年《"健康中国2030"规划纲要》，2017年"全面放开养老服务市场提升养老服务质量"，再到2018年"新设老龄健康司"，多年来出台优惠补贴、土地政策及支付体系细化专项鼓励政策百余项，逐渐形成较为完善的医疗制度体系。政策的完善给医疗、保健、药品、卫生等整个产业链带来巨大变革，同时也加快了康养产业的市场化进程。在健康中国战略引领、健康服务业业态指引、养老服务设施用地保障、养老服务市场培育激活、养老支付体系逐渐完善的背景下，标准化、规范化、多产业融合成为我国康养产业的主基调。在细分产业上，森林康养被纳入《林业发展"十三五"规划》，康养旅游也迎来首个行业标准——《国家康养旅游示范基地》，森林康养产业发展渐成气候。

此外，为积极应对我国人民主要健康问题和挑战，卫生部启动"健康中国2020"战略，此战略以提高人民群众健康为目标，以解决危害城乡居民健康的主要问题为重点，坚持预防为主、中西医并重、防治结合的原则，采用适宜技术，以政府为主导，动员全社会参与，切实加强对影响国民健康的重大和长远卫生问题的有效干预，确保到2020年实现人人享有基本医疗卫生服务的重大战略目标。至此，从中央到地方，从大康养领域到健康、养老、森林康养和康养旅游等，都有完善的政策体系支撑，康养产业发展的黄金新时代已经来临。

(二)康养产业是区域战略性支柱产业

康养产业一头连接民生福祉,一头连接社会经济发展,是顺应我国目前社会结构新变化而发展起来的产业,其覆盖面广、产业链长,能推动健康、养生、养老、医疗、金融、旅游、体育、保险、文化、科技、信息、绿色农业等诸多领域的有机融合,具有强大的生命力。2020年全国两会前,《中共中央 国务院关于新时代推进西部大开发形成新格局的指导意见》明确指出:"依托风景名胜区、边境旅游试验区等,大力发展旅游休闲、健康养生等服务业,打造区域重要支柱产业。"在西部大开发战略中,康养产业将会迎来新一轮的发展机遇,作为区域战略性支柱产业发展,将在政策、金融、土地、税收等多个方面得到更多的支持。

(三)康养基础配套设施正逐渐完善

从全国来看,随着各地康养产业的不断发展,地方政府对于康养资源的重视也不断加强。通过对全国康养产业基本现状的摸查,项目组发现全国范围内的康养产业发展水平大致可以按照自然环境和资源设施分为七大片区,即华南、华东、西南、华中、华北、东北、西北。通过调研发现,七大片区内各省份之间的整体康养环境和资源状况比较接近,但在康养产业可持续发展能力上表现出较大差距。

(四)全国康养水平正持续不断攀升

2012年,中国居民健康素养监测开始在31个省(自治区、直辖市)336个县区级监测点开展。监测内容以《中国公民健康素养——基本知识与技能》为依据,包括基本健康知识和理念、健康生活方式与行为、基本技能3个方面。监测结果显示,中国居民健康素养水平持续提升,由2012年的8.8%上升到2018年的17.1%,其中2018年较2017年增长了2.88个百分点,是开展监测以来增长幅度最大的一年;不同地区和人群的健康素养水平均有较大提升。

(五)"数字+"为产业带来发展机遇

康养数字经济是未来发展的重点,自2012年智能化养老提出以来,互联网、信息技术、数字化正成为康养产业发展的重要内容,也逐渐发展成为康养产业的基础。例如,互联网不仅在提高管理效率方面,而且在拓展业务形成新的产品和服务方面,都是重要的途径。可以预见,数字经济将会给康养产业带来新的发展机遇,"数字+"将成为康养项目的基本特征。

(六)中医药助推中国式康养的发展

中医药康养迎来发展新机遇。有着几千年历史的中医药,一直保障着中华民族的健康。在新型冠状病毒肺炎(简称"新冠肺炎")疫情防控阻击战中,中医药发挥了巨大作用,让推广和发展中医药者的信心更加坚定。近年来,各地大力发展中医药产业,兴建中医药园区。随着亚健康、慢性病、老龄化危机日益严峻,中医药健康养老服务、康养小镇、康养项目逐渐成为中医药康养的重要内容。

(七)康养产业的国际合作不断深化

中国致力于加强与各国的经贸合作,实现互利共赢。第十三届全国人民代表大会第三次会议上,国务院总理李克强在政府工作报告中强调要坚定不移扩大对外开放。新形势下,中国康养产业的国际合作也需要创新形式,深入研究,学习、消化国际上好的养老经验,同时结合我国的国情,形成具有中国特色的、国际化的康养服务体系。未来,我国康养产业国际合作将进入一个新的发展时期。

二、健康管理产业发展现状与展望

(一)健康管理产业发展现状与展望

1.健康管理产业概况

健康管理概念最先起源于美国,源自医疗保险机构为减少保险支付治疗费用而对投保人群进行"系统的"健康管理和干预,以有效防范疾病的发生。这套与传统医院提供治疗不同且不断"系统化"的方式形成了现代健康管理的具体业务内容,包含健康体检、建立健康档案、健康评估（风险筛查与分析）、多方面的健康指导及干预，甚至有更专业的机构在运营提供专属、一对一的精准化服务。

随着健康观念不断更新、健康需求不断增加，健康管理的业务内容也在不断更新和发展，健康管理逐步发展形成体系，并有别于医院等传统医疗机构，对需求者（包含健康人群、亚健康人群、疾病患者）提供包含身体、心理、营养、运动等多方位的健康服务，依据需求者的健康状况分析，通过现代医学知识和服务技能制订合理的健康处方（健康管理方案），通过心理疏导、科学锻炼、合理营养等方式引导需求者改变不良的生活习惯和行为方式，有效预防急性疾病发生、发展或转化成慢性病，让人们主动采取预防措施，更好地维护健康。

健康管理的实际应用实则是贯彻"预防为主"的发展理念。健康管理通过分析个人健康风险因素、协助个人改善不良因素来使其保持健康，对个人和整个社会都是十分有必要的。通过健康管理让个人主动采取维护健康的措施，不仅能改善个人的身心健康，还能降低社会人群疾病的发病率，营造良好的健康促进氛围，促进人群健康水平的提高，提高生命质量，同时还能有效减少医疗费用。

2. 健康管理产业发展现状

国外的健康管理机构经过长期发展，整合了传统医疗保健机构、保险公司与健康人力资源等，能提供系统化、个性化、连续型健康管理服务，为需求者制订最合理的健康生活模式方案，甚至提供支出费用最优配比的服务。通过近40年的发展，西方发达国家依托健康管理，让高血压、糖尿病、高脂血症等慢性病的患病率显著下降，同时大幅度减少了个人和医疗机构的医疗资源浪费。

虽然我国在很多年前已经提出"预防为主"的理念，但是执行效果一直不好，健康管理仍然是一个概念性的事物，要达到普及程度，还有很长的路要走。目前，我国健康管理产业运营中针对健康管理的内涵、外延、实际运作等方面还存在着诸多模糊的概念，导致健康管理涉及的各个环节，围绕健康采用的各种方法，从事健康管理的人员资质、人员继续教育，市场准入要求，相关的健康管理规章制度等还不完善，没有统一行业标准。直到2016年的《"健康中国2030"规划纲要》，才对健康管理提出总体要求。从我国健康管理产业发展的情况来看，既体现出市场需求量大，又反映出健康管理专业人员缺乏、服务形式单一、技术手段落后的情况；健康管理企业多是炒作概念，理念先行，但是运营不规范，缺少理论基础、学术研究与技术研发，缺乏行之有效的健康干预手段。但随着顶层设计逐步完善，政策、法规的保障逐步健全，在国内巨大的市场下，健康管理产业必能健康发展。

3. 健康管理产业发展展望

我国健康管理产业目前的主要服务对象是亚健康人群和患病康复期人群，而面向健康人群和慢性病患者的健康管理却十分少见,这两类人群主要见于基层医疗机构开展的国家制订的基层公共卫生服务项目,这和我国居民的健康意识与健康素养不高有关。

慢性病已经成为我国城乡居民的主要死因,影响了我国居民疾病谱的改变。健康体质不进行管理就可能变成亚健康体质,亚健康体质不进行管理就可能导致很多慢性病发生。而慢性病致死人数在总死亡人数中高达87%的占比更是诠释了居民对慢性病的不重视、不了解,虽然慢性病的危害在不断加剧,但居民对慢性病防控知识的知晓率却极低,即使有坚持定期体检行为的群体,在对慢性病的防治上也无法做到"知行合一"。据报道,即使每年都体检,但很多人的身体健康情况却在恶化,在受测试的高血压人群中,能有效控制血压的人仅有6.1%。

健康管理产业,在我国属于新兴发展的朝阳产业。随着社会经济的发展和人们物质生活水平的不断提高,人们对健康的重视和需求必然会让健康管理产业得到良好的发展。随着医疗重心从疾病治疗向预防保健转变,疾病治疗也细化为了预防、诊疗和康养,故健康管理产业必将成为医疗经济新的增长极。

(二)慢性病管理现状与展望

1.慢性病管理的背景与现状

(1)据国家卫生和计划生育委员会2015年发布的相关数据显示,随疾病谱的转变,我国慢性病发病率和死亡率逐年递增,因患慢性病而死亡的人数超过中国居民总死亡人数的2/3,占比达到87%,其中,又以心脑血管疾病、各类癌症、呼吸系统疾病的死亡率最高。患慢性病不仅影响人体健康状况,还会增加患者的医疗负担。据不完全统计,我国全年用于慢性病的费用支出占医疗费用总支出的70%以上,随着中国老龄化人口比例逐年提高,患慢性病者的比例将会更大。慢性病的防治重点就是预防,不是临床治疗,因此,开展健康管理是我国慢性病的重点防治措施。

(2)对慢性病的危害认识和防控不足。随着生活水平提升、医疗技术升级,人们的预期寿命不断延长,老龄化社会的加剧导致我国慢性病患者的基数在增大。基层公共卫生服务(慢性病管理和防治的推进)水平不断提升,管理日益规范,慢性病患者的生存期在不断延长,也使我国慢性病患者的数量在增加。同时,不健康的生活习惯及饮食习惯、长期紧张疲劳、忽视自我保健和心理应变平衡逐渐积累,也会诱发各种慢性病。尽管医疗技术水平不断进步,人们对慢性病危害的认识依然不足,不能长期、有效地对疾病进行治疗和控制。在我国,慢性病的发生、发展与不良生活方式有关,如长期精神紧张、不合理饮食、运动少、长期吸烟、大量饮酒等这些人们认识但认识不深的健康危险因素。因此,对慢性病的规范化管理

(对慢性病采取宣传教育、综合防治、管理措施)才是实现预防慢性病发生与发展的健康管理方式。

2. 慢性病管理的展望

在国家政策的支持下,医疗健康大数据和信息技术的运用,使慢性病的健康管理得到极大的发展,运用现代化健康管理技术手段,慢性病管理与健康管理、药事服务、支付环节等实现无缝衔接。慢性病管理通过硬件、APP、信息管理平台、医生、专家、医院、健康管理中心、药企、药店等,采取智能硬件、健康云、大数据、在线问诊、患者社群、远程医疗、挂号导诊、医药电商等诸多互联网模式,并与线下的医疗机构及健康管理机构形成综合管理体系。慢性病健康管理市场需求巨大,产业发展前景将会更好。

(三)亚健康管理现状与展望

1. 亚健康

亚健康是指人的身体和心理状态处在健康和疾病之间的一种状态。处于亚健康状态的人,达不到健康的全部标准,常表现为在一定时间内存在活力降低,机能、适应能力减退的症状,但达不到现代医学中有关疾病的临床或亚临床诊断标准。国内通过对不同性别、不同年龄、不同职业的人群进行亚健康调查,发现人群亚健康状态在性别、年龄、职业上有一定差异,与出生地、民族无关,女性普遍较男性高发,40～50岁年龄段较其他年龄段高发,教师、公务员高发,而在北京、上海、深圳、广州等地职业人群的亚健康情况又较其他地区人群高发。

诸多的研究表明,亚健康与不合理饮食、缺乏运动、不规律作息、长期睡眠不足、精神紧张、心理压力大、长期情绪不良等因素有关。

2. 亚健康人群的健康管理需求

随着亚健康这一社会问题的日趋突出,健康宣传力度的加强,以及人们生活水平的提高、对健康的需求不断增强,社会对于亚健康的防治需求日益增长,健康管理产业开始"瞄准"亚健康人群。在我国的康养市场中,服务亚健康人群已经成为中国康养市场最主要的组成之一。当前不统一的亚健康诊断标准,决定了为亚健康人群制订的包含预防、保健、康养的健康管理手段较为多样,但缺乏亚健康管理服务的标准化和系统性。

贯彻"预防为主"的防治理念仍然是亚健康的防治重点,仍然是健康管理的适用范畴,从健康体检、健康风险筛查、健康指导与干预,突出和强化良好生活方式的养成,并借助各类医疗手段开展自我保健和医疗康复。

目前国内外针对亚健康人群的保健和康复,主要包含生理康复、心理康复、社会适应力治疗,更多的是侧重于心理康复。国内外针对这类亚健康的健康管理开展过调查,研究发现,根据大部分亚健康人群的健康管理需求,形成了3种较为典型的健康管理模式:一是综合性健康管理康复模式,它整合、优化了综合医院、社区医疗机构、家庭三方资源,打造了和谐健康氛围,让人们能够主动采取积极的健康生活方式,并采取各种医疗保健服务缓解身心压力,这也是现在康养小镇、康养城发展的思路;其次是开展身体(生理)、心理和社会综合的专业体系化治疗模式,通过环境的改善、饮食和运动的调节、心理的疏导等达到全面健康的目的;三是结合现代健康养生和自我保健为主的非药物治疗,在我国主要是以"中医保健技术"为主导的非药物自然预防性治疗。这3种典型的亚健康健康管理模式为亚健康人群提供综合性、系统性、预防性服务,为健康管理产业发展奠定了良好基础。

(四)健康管理教育体系构建

通过对近年来健康管理专业人才培养进行SWOT分析,发现健康管理专业人才培养的优势在于健康管理专业人才培养的过程中,选择该专业的学生资源丰富,政府和社会重视度较高,等等。现阶段,随着教育事业的不断发展和进步,"健康管理"成为热门词汇,相关的行业和教育事业也备受人们关注,选择与之相关的专业的学生也越来越多。与此同时,对健康管理专业人才培养的劣势分析也显示,从当前形势来看,健康管理专业在人才培养的过程中,依然存在思想观念陈旧、教学方式单一的问题,过于将学生的教学工作停留在理论知识灌输和传授等方面,未能结合健康管理专业的实际学习需求,对传统教学模式和思想进行创新,很多教师的教学方法和思想太过保守,忽略现代化教学方式的应用;同时,由于健康管理专业教育事业起步较晚,在构建精准健康管理专业化、高水平教师队伍发展等方面还存在问题,虽然很多教师具备丰富的理论知识和较强的专业技能,但是在经济、管理、法律等交叉学科领域的知识了解较少,还有待进步;健康管理专业人才培养还面临缺乏社会认可、就业形势严峻等问题,很多人对健康管理专业还不够了解,而且在经济社会快速发展过程中,市场的快速发展给健康管理专业人才的就业和发展也带来很大限制。

看清形势,紧抓新时期健康管理发展新机遇,构建健康管理教育体系。在健康管理专业人才培养过程中,有国家政策的支持,也有经济社会快速发展带来的机遇,而且相关行业对于健康管理专业人才的需求越来越多,这对提升健康管理专业人才培养工作有效性产生了积极影响。通过提出健康管理新的教育改革和加大政策扶持力度的方式,明确健康管理人才培养目标、完善人才培养师资队伍建设、构建专业实践学习平台,不断提升人才培养质量,为高校和社会培训机构开展健康管理专业人才培养工作提供有效保障。打造贯彻"预防为主"观念,集基础医学、全科医学、预防医学、心理学、营养学、康复治疗、慢性病管理与保健等多学科交叉融合的健康管理培养体系,培养复合型应用技术、技能人才,方能适应健康管理产业发展新需求。

(五)健康体检产业发展现状与展望

1. 健康体检产业概况

健康体检是指通过医学手段和方法对受检者进行检查,了解受检者健康状况、早期发现疾病和健康隐患的诊疗行为。具体来讲,健康体检包括收集健康信息、建立健康档案、评估和预测健康走向、制订并实施健康计划及健康跟踪管理等。随着健康意识的日益提高,人们越来越多地把注意力放在了自身健康情况的提前判断上,"有病早治、无病预防"的健康理念逐渐深入人心,从"患病求医"向"健康管理"的转变也已经成为21世纪世界医疗卫生体系的重要思想。

由于我国人口的疾病谱发生了很大的变化,除心脑血管疾病、肿瘤、糖尿病患病率增加以外,与年龄相关的退行性疾病,如阿尔茨海默病、帕金森病、骨质疏松等患病率也大量增加,这些疾病的高患病率、多病共存及由此引起的严重后遗症,导致很多老年人失能,这些严重的疾病给家庭和社会带来了沉重的负担。针对中国正进入以慢性病和退行性疾病为主的疾病模式阶段,需要加强疾病的早期防范及干预。目前,大多数医院提供的是疾病治疗,在疾病预防方面提供的帮助很少,这就需要专业的健康体检机构帮助人们了解自身身体健康状况,制订个体化方案,进行科学化的自身健康管理,防患于未然。因此,我国各地医疗卫生机构相继推出以"健康为中心"的体检服务,以满足人们的需求。这些健康体检机构主要为健康人群提供体检服务,且发展迅速,已成为我国健康管理的重要组成部分,对我国医疗卫生事业的发展做出了重要贡献。

2. 健康体检产业发展现状

从健康管理中心的发展趋势来看,以大型综合医院为依托的健康体检中心和集健康体检、健康管理、健康咨询于一体的私营连锁机构将占据较大的市场份额。健康体检是康养产业的重要发力点。我国康养产业正处于起步阶段,需要充分学习和借鉴国外健康管理和体检中心的先进经验,完善基础设施,提高医疗技术和医疗服务水平,培养健康管理和体检专门人才,运用5G技术,打破数据壁垒,以大数据健康管理理念为人民的健康保驾护航。

3. 健康体检产业发展展望

随着时代的进步和人们健康意识的提高,各类体检中心如雨后春笋般拔地而起。作为新兴的产业,健康体检产业拥有前所未有的优势,但同时也面临诸多问题。如传统的体检观念亟待更新;体检人员配备不足;体检项目千篇一律,无创新性,缺乏系统性、全面性、持续性的检后服务;健康体检与现代信息化没有有效融合。要想做好健康体检产业,我们需要直面问题,找出解决办法,这要求我们不仅要从专业方面剖析问题,还应以受检者的角度思考健康体检的可持续发展路子,具体包括以下措施:

(1) 全生命周期监测与养护。我国《"健康中国2030"规划纲要》指出,所谓全方位、全周期健康管理,是指一个人从出生到生命终点的健康管理。对体检而言,不能仅仅提供一份检查报告单,而应该调整到以全生命周期健康管理为中心,涵盖孕产保健咨询、婴幼儿及儿童生长发育监测、青少年眼健康、青春期心理疾病预防、亚健康评估干预、疾病风险评估、慢性病康养管理等,有效实现全生命周期检测与养护,最终达到"无疾而终"的超级健康新时代。

(2) 一体化服务模式。随着康养产业的不断发展,市场要求健康体检中心应尽快实现一体化服务模式,这是健康体检中心取得成功的必由之路。首先,要创新服务理念,即从主要的体检预防逐渐向着健康咨询及健康保养的方向转变,向一体化服务模式的理念转变;同时,需要对健康体检及一体化服务模式进行深度融合,把每一个个体服务的问题完美解决,这样才能获得广大市民的认同。加强临床高、精、尖医疗技术研究,不断地延伸检后服务内容,整合相关领域的医疗专家资源及知名的医院资源,加强资源利用,并由此开展健康评估咨询、健康教育及相应的保健医疗服务,从而形成"防治康养"的健康管理一体化服务模式。

(3) 高端检测设备应用。一是车载数字X射线摄影(DR)系统。胸部X射线透视检查已经成为常规体检项目,对于早期发现肺部肿瘤,尤其是肺癌具有重要作用。目前胸部DR已逐渐取代X射线透视,成为健康体检的重要项目,该技术操作便捷、辐射剂量相对较小,可快速筛查多种心肺疾病。车载DR系统用于体检后,受检者不必再到医院进行检查,只需专业技术人员和车载DR系统移动至受检人员所在单位或社区即可开展体检工作。DR系统与汽车的完美结合,在保证影像质量的同时,使得DR系统在一定程度上可以随意移动,不仅方便了受检者,而且与常规DR系统相比并没有增加辐射剂量。车载DR系统的推广应用,极大方便了医院外大规模体检。

二是车载计算机体层成像(CT)。车载CT相当于一个移动的三甲医院CT室,将成熟稳定的设备、高质量图像、5G高可靠传输网络与智能云系统结合,进行远程影像辅助诊断,改变了传统工作模式。车载CT可以进入社区、工厂、企业、偏远地区,高质量、快速地进行全身各部位CT检查,能在第一时间为初步体检筛选出来的需要进一步检查确诊的人群明确诊断。扫描同时,根据不同应用需求,车载CT还可定制化配备心电监护仪、除颤仪等医疗设备。车载CT的可移动性、超低辐射剂量、高分辨率等优点,为肺癌的早期发现、早期诊断提供了完善的解决方案。车载CT行低剂量头部扫描,可以在早期发现颅脑肿瘤、颅内血管病变等,使得临床干预能在早期介入,从而降低了由脑部病变导致的失智、失能的发生率和严重程度。

三是体检车。又称移动医疗车或流动医疗车,是为医疗行业设计的可以满足常规体检、治疗、应急医疗救援等的专用医疗车辆。体检车按用途可以分成全科体检车、妇女健康管理车和DR体检车。全科体检车配备有病床及心电图机、B超机、电脑、X射线透视机等仪器设备,可实现现场问诊、身体数据采集、监测数据采集存储、生化采样等日常检测功能。在全科体检车搭载妇科检查设备即为妇女健康管理车。在全科体检车搭载DR设备即为DR体检车。体检车具有知识普及、健康教育、疾病筛(检)查、慢性病干预、急病抢救等5大功能。

四是智慧健康体检中心。医疗健康服务智能化在5G技术的支持下能够实现大跨越式发展,智慧健康体检中心建设势在必行。以数据为中心,构建基础网络(主要为通信、互联和物联相结合),把丰富的终端和接入方式整合进智慧健康体检中心平台建设,实现健康体检应用的可成长、可扩充,打造面向未来的智慧健康体检系统。基于体检中心各种装置与互联网结合起来形成的巨大网络,实现实时体检、云上影像、移动体检及移动办公等资源的智能化、信息共享与互联。

五是可穿戴设备进行实时体检。随着物联网技术的不断发展,物联网越来越深入大众生活,在医疗领域,将可穿戴设备用于医疗健康的想法也正在实现。5G网络将体检中心内数以千计乃至万计的医疗设备接入网络,能对受检者体征进行实时监测。即使在家里,受检者的心率、血糖、血压、血氧饱和度等诸多指标也能即时通过5G网络与云端的人工智能算法或者线上医生相连接,一旦患者出现危险征兆,就能够及时获得有针对性的干预治疗、医疗救助,使许多慢性病、恶性疾病能够在早期获得及时的诊断与干预。当5G遇见医疗,将为健康体检行业创造无数新的可能性,实现体检信息实时化、体检方式移动化及服务沟通人性化,达到提升健康体检工作效率、增强受检者服务体验和优化内部管理机制的目的。

六是区块链应用。医疗行业被认为是区块链技术最有潜力的应用领域之一。基于区块链技术的大健康数据云服务平台可以储存每个人的健康档案,使之成为有价值的数据。从"互联网颠覆医疗"到"AI颠覆医疗",再到现在火热的区块链技术,科技无疑是推动医疗健康产业生产力变革最重要的手段之一,主要体现在新医疗模式的加速崛起。一是可穿戴设备、物联网的发展,使许多原来需要在医院进行的检验、检查,可以在居家环境下完成,医院本身的职能碎片化。二是疾病谱的变化要求大部分医院的发展模式从疾病治疗转变为与患者建立长期联系上,为其提供全生命周期的持续服务。三是如果用户开通了个人健康数据档案,那么不管患者去哪家医院就诊,医生根据患者的身份识别码(ID)就可以追溯其之前的病历,快速诊断病情。四是医药行业基于大健康数据云服务平台,可以及时准确地跟踪病人的用药结果、掌握药效信息。五是基于区块链技术的个人健康数据档案在健康养生行业的应用也逐渐兴起。未来的医疗行业将以区块链为底层技术,以患者为中心,并保障患者数据隐私安全,消灭数据孤岛。区块链技术正在改变全球医疗行业发展模式,在不久的将来,会有更多患者和医疗服务机构享受到区块链技术所带来的便利。

三、我国康复医疗产业发展现状与展望

康复医学是指综合应用各种有效措施,减轻伤病、伤残者的生理和心理功能障碍,使身体机能得到最大限度改善和发挥,以最佳状态回归家庭、参与社会。康复医学是伴随社会发展和需求,在各国逐渐发展起来的一门新兴学科。康复医疗是医疗服务的重要组成部分,以疾病、损伤导致的躯体功能与结构障碍、个体活动及参与活动能力受限的患者为服务对象,以提高伤、病、残人士的生存能力和重返社会为专业特征。康复医疗产业主要分为康复器械及药品和康复服务 2 类,其中康复器械及药品主要涵盖康复医疗器械、康复辅具、康复保健器械和康复药品,康复服务主要包括康复管理、康复软件和远程服务。

(一)国内康复医院发展现状

康复医院是以康复为特色,集治疗、保健、康复、预防为一身的综合性医院。国内康复医院正在探索新的康复保健模式,将传统的康复项目带到了新的层面,使之从"设备主导"向"知识服务主导"转变,由"医疗环境"向"休闲环境"转变,依托现代健康理念和全新的科技手段,满足不同层次人群的健康需求;开展病床以外的关怀活动,转变医疗模式,推动全面、多元化服务,突出康复医院特色;利用中国残疾人联合会和各省、市残疾人联合会的政策优势和资金支持,抓住机遇,成立脑瘫、弱视等各种特色康复中心。

树立大康复概念。大康复概念要求康复医院不但为残疾人服务,而且要针对各种疾病进行急性期后的康复治疗。例如成立神经康复中心,充分利用康复医院原有的康复器械和设备,运用综合性康复医疗手段,对神经系统疾病所致的偏瘫、失语、截瘫、小儿脑瘫患者,在科学评价的基础上,由康复治疗师进行一对一的科学、系统的康复治疗。

人们需要真正的康复医院服务的原因有很多。有些伤害或疾病会造成身体的多处伤害,需要时间来处理或治愈。康复医院是为病情稳定但仍需要住院治疗的病人提供治疗护理的地方。与普通医院的病人不同,被送往康复医院的病人一般需要额外的帮助才能从伤害中恢复过来。例如,失去肢体或骨骼结构遭受重大创伤的人可能需要时间来恢复功能,或学习如何使用假肢。在康复医院期间,他们会通过接受物理治疗和训练来学习如何最大限度地发挥功能;他们可能还会接受心理咨询,以应对他们遇到的功能丧失产生的心理变化。随着受伤情况的改善,他们可能需要物理、作业或言语治疗,还可能需要社会工作援助以确定出院后如何生活。与普通医院一样,康复医院也有24 h护理,但病人的身体状况通常更稳定。对于患者的家庭来说,康复医院可以在患病家庭成员回家之前起到积极的中介作用。康复医院的医生不仅指导病人并帮助他们恢复功能,而且还与家属合作,以确定病人出院后需要注意什么。如果患者病情已经稳定下来,但有明显的功能丧失,一般建议进行康复治疗。中风、癫痫、疾病或事故造成脑损伤的患者需要呆在康复医院,通常在这些医院的病人仍然需要大量的护理,而且如果患者需要进行24 h护理,家属可能会不知所措。

康复医院处于我国分级诊疗制度的中间层,侧重于对病人的中后期康复训练,不仅能迎合下游患者的需求,还能很好地实现对公立医院体系的分流、分压,起到合理分配优质医疗服务资源的作用。

康复医院有利于缓解综合性大医院看病难的现状。相比康复医院主要承接急性期后(即康复期)病人,处于医疗服务前端的综合性大医院主要收治昏迷期病人。由于优质医疗服务资源的稀缺性,公立综合性大医院"一床难求"已成为常态。在此背景下,公立综合性大医院有很强的内在动力尽快转出病人,以提高自身床位周转率,而康复医院则为公立综合性大医院转出病人提供了天然承接方,其发展越壮大就越有利于公立综合性大医院提高床位周转率。

按照我国《康复医院基本标准(2012年版)》,康复医院每床卫生技术人员应该达到1.4,高于三级综合医院的每床卫生技术人员1.03,但实际上其中主要配置的是康复治疗师和护士,而不是康复医师。康复医师的工作主要为诊断病情及制订康复计划,具体实施康复计划则由康复治疗师和护士来完成。不同于医学院毕业的临床医生,我国康复治疗师的培训周期为50 d,且只要求大专学历,人工成本远低于医生;同时,作为团队核心的康复医师,由于其工作的高技术含量、低劳动和低耗时等特点,再加上我国目前政策鼓励的大环境,可以吸引更多三甲医院康复医学科医生进行多点执业。

一直以来,我国医疗领域都是重抢救治疗,轻康复,导致康复资源总量不足,分布不均。目前在我国三级医疗康复服务体系中,康复医疗资源主要集中在三级医院。根据《2018中国卫生健康统计年鉴》数据统计,2018年我国康复医院数量为637家。[④] 同时,我国康复医疗床位数占比较少。2013—2018年我国康复医院数量统计见图1。

---

④ 国家卫生健康委员会.2018中国卫生健康统计年鉴[M].北京:中国协和医科大学出版社,2018.

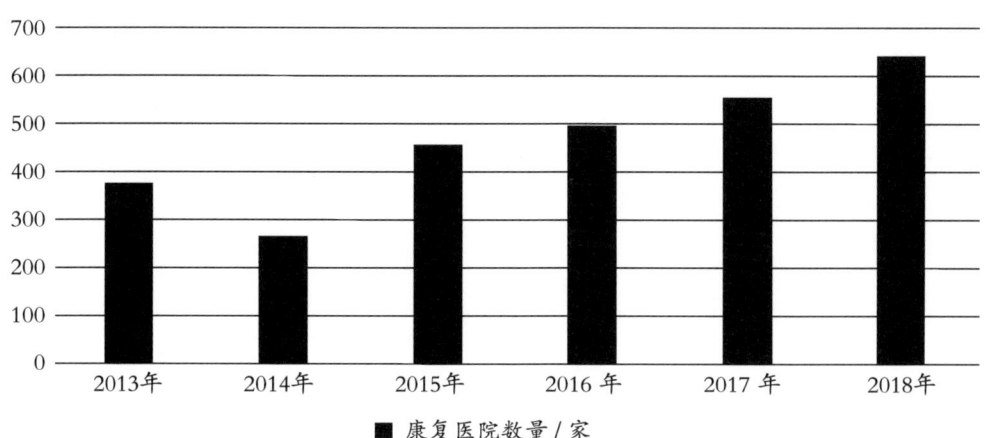

图1　2013—2018年我国康复医院数量统计

（资料来源：《2018中国卫生健康统计年鉴》）

目前国内康复医院主要存在着病源不稳定、床位使用率不高、医生资源不足、病患信任度低等问题，主要的解决方法有：一是向上与综合医院结合，通过承接综合医院康复病人，一方面提升综合医院床位周转率，提升盈利能力，另一方面康复医院也能获得稳定病源；二是向下积极拓展社区医疗站点，利用社区医疗站点就近康复，提升患者康复频率，增强康复效果，同时也能通过远程康复平台收集病患相关数据资料，提升服务能力。

（二）探索三级康复医疗服务体系

2011年，卫生部发布《综合医院康复医学科建设与管理指南》《卫生部建立完善康复医疗服务体系试点工作方案》，要求所有二级以上综合医院必须建设康复医学科，提出要建立三级康复医疗服务体系。该项政策的发布为医院康复医学科的建设和管理指明了方向。2012年，卫生部发布了《康复医院基本标准（2012年版）》《"十二五"时期康复医疗工作指导意见》，"规范化"被纳入康复医院的建设中，提出要明确不同层级康复医疗机构的功能定位，探索建立分层级、分阶段康复的有效模式。我国康复医疗服务体系规划为：①急性期医疗/康复在综合医院（三级），②稳定期医疗/康复在综合医院（二级）/康复医院，③长期照顾单位（护理院、敬老院等）基本不限住院时间，④社区/家庭进行终生的医疗/康复。

2016年中共中央、国务院印发了《"健康中国2030"规划纲要》，其中提及6条基本原则与康复医学相关：①将卫生作为所有政府部门的优先战略政策，确保所有公民在各个方面和整个生命周期的健康。②早诊断、早治疗、早康复：所有临床专业都适用，特别是骨科、神经内科和神经外科、心脏内科和心脏外科、呼吸内科、内分泌科、肿瘤科、儿科、老年医学科、重症护理部、胸外科、妇产科、眼科、耳鼻喉科、精神心理科、疼痛科、物质成瘾科等。③完善从治疗到康复、长期照护的医疗服务链。鼓励设立扩大服务,包括康复服务医院、长期照护设施、护理设施及社区康复服务。④发挥中医在急症医疗中的作用。中医是康复的核心要素和预防的关键措施。⑤推动健康产业成为支柱产业,特别是智慧辅助设备、康复机器人、假肢和矫形器、虚拟现实技术、新材料、可穿戴设备、元数据收集和分析及远程医疗。⑥跨界融合:强调运动与医学的融合。

2017年,《国家卫生计生委关于印发康复医疗中心、护理中心基本标准和管理规范(试行)的通知》,对康复医疗中心也提出了规范化的建设要求。

上述文件的发布标志着我国康复医疗服务体系的建设逐步进入规范期。

我国康复医疗服务体系由三级医院康复医学科、二级医院康复医学科(康复专科医院)、社区康复中心(门诊)或居家康复组成。三级医院康复医学科主要承担急性期康复治疗,二级医院康复医学科(康复专科医院)则承担恢复期康复治疗,社区康复中心(门诊)或居家康复主要承担维持期康复治疗。各级康复机构之间建立双向转诊机制,三级医院康复医学科完成患者急性期康复后向下转诊,由二级医院康复医学科(康复专科医院)等机构完成恢复期、维持期康复治疗,如果恢复期或维持期康复出现恶化现象,可以及时向上转诊至三级医院康复医学科进行救治。通过构建三级康复医疗服务体系,可以为患者提供全周期、分阶段的康复服务,确保患者获得最好的康复疗效。

三级康复医疗服务体系内,不同层级的康复机构具有的功能和特点不同。三级医院康复医学科介入最早,对疾病、损伤患者进行早期专业性治疗,是需要配备专科医师、康复医师、康复治疗师、康复护士等的服务团队,在完成急性救治后就可以转诊到下一层级的康复机构,康复周期较短;二级医院康复医学科(康复专科医院)主要是对经过治疗且病情稳定的患者提供恢复性康复服务,患者需要经过一段时间的住院康复,主要由康复医师、康复治疗师、康复护士为其提供医疗服务;社区康复中心(门诊)主要对经过治疗的患者提供长期性的康复服务,患者一般无须住院,而是定期到康复机构接受治疗训练或者康复医师(康复治疗师)上门指导患者进行康复。

(三)康复专科医院发展展望

1. 康复智能化建设

康复机器人企业将人工智能、物联网、大数据等高新技术应用到康复设备,让康复设备变得人性化、智能化,实现人机交互、智能辅助训练、精准力控等目标。康复机器人种类繁多,包括骨骼机器人、TMS(经颅磁刺激)导航机器人、跑台机器人、护理机器人等。但目前康复机器人主要集中于骨关节康复、听视力康复、言语康复等少数领域,未来需要加大技术创新,将应用领域拓展到心肺康复、神经康复等。如中风患者是步态康复的主要构成群体,我国中风患者以150万~200万人/年的速度剧增,预计到2030年,患者数量将达到3100万人。医疗步态康复市场需求庞大,但相关的运动治疗师却十分短缺。一些公司根据这一现状,切入外骨骼机器人领域,自主研发了外骨骼机器人BEAR-H1、腰部助力外骨骼机器人PB-1、TMS导航机器人、手部康复外骨骼机器人、跑台机器人等系列产品。

以往的康复训练都是被动式的,患者只能按照康复器械设定的功能进行康复训练,但每个患者的疾病情况、身体素质都不一样,标准化的康复器械很难达到理想的治疗效果。传统的工业机械臂采用的是刚性驱动器,追求的是极高的位置精度,但其力控性能就比较差。为了保证力控,康复机器人每个关节(下肢外骨骼机器人共6个关节,包括双侧的髋、膝、踝关节)处都采用了一个柔性驱动器,可在每个关节输出不同的力,帮助患者主动训练。一些机器人采用可视化操作界面,康复治疗师可根据患者的实际情况进行功能调整,让康复机器人更好地辅助患者完成康复训练,实现"主动式—助力式—被动式"训练无缝切换,极大地提升康复效果。

目前,患者的情况都是由医生根据临床医学的一些标准做判断,需要耗费大量的人力和时间才能完成康复评估,而且依靠人为经验往往会出现一些偏差。利用人工智能技术提升康复机器人的智能化程度,找到患者康复过程中各类数据的映射关系,通过机器人量化传感器、监测人体意图,进而建立一套评估体系,对患者的身体情况作出评价。将物联网技术应用到康复机器人中,患者通过机器人进行康复训练,机器人可以根据传感器实时了解患者的情况并提供所需的康复训练。通过物联网系统,医生、患者和家属可以实时了解到患者的身体情况和训练情况,实现远程诊疗和指导。这样既可以延长患者接受康复训练的时间,不再受到医院场地或床位的限制,也可以增加医院创收的渠道。

可以看出,为了提升康复机器人的智能化水平,一些公司将柔性驱动器、人机交互、人工智能和物联网技术应用到康复机器人设计中,针对不同的康复需求,研发差异化的康复机器人产品。这些产品可为患者提供舒适、安全的精准康复训练,提高康复效率。

2. 康复信息化建设

康复信息化企业提供覆盖康复评定、病历管理、康复文书、康复方案、人员排班、数据采集与管理、康复随访等全流程的信息化管理系统,解决康复数据不规范、评估量表主观性强、康复数据无法实现互联互通等痛点,通过康复全流程的信息化管理,实现康复治疗的标准化。但是,康复信息化系统还需要进一步解决与医院信息系统(HIS)、土地信息系统(LIS)、影像归档与传输系统(PACS)等系统的连接问题。

康复医学科室的建设与运营主要是为缺乏康复学科建设能力和管理运营经验的医疗机构或企业提供服务。康复医学科室的建设要考虑医院本身临床科室、医师结构、地区疾病谱特征,要迎合民众需求。差异化康复服务是形成科室核心竞争力的出发点。

(1)康复数字化管理平台有效指导康复全流程。医院康复医学科面临康复临床路径的不规范、病人历史治疗记录回顾不完整、现代数字化的评估技术缺少、医务人员沟通不及时等痛点,康复数字化管理平台以《综合医院康复医学科建设与管理指南》作为指导,在深刻研究康复医学和康复治疗活动的基础上,通过信息化手段实现对康复全流程的有效指导和监控,以及对康复数据的有效管理和应用,从而帮助医疗机构向患者提供更加安全、高效的康复医疗服务。

(2)康复医院信息管理系统实现多系统互联互通。目前,国内超过80%的医院的康复业务信息化仍处于真空状态,而部分已经使用康复信息化产品的医院的应用效果也不甚理想。市场上没有既能覆盖 HIS 业务,又能体现康复特色的信息化系统,往往需同时使用多个系统,这样数据交换容易存在疏漏且成本极高。因此,无缝、平滑的一体化且具有康复特色的 HIS 必将成为众多医院信息化建设的急需产品。成都华唯科技股份有限公司迎合市场需求,推出自主研发的康复医院信息管理系统(RHIS),已在中国人民解放军总医院、北京大学第三医院、陆军军医大学第一附属医院等知名医院应用。

(3)智慧残联精准服务平台实现一站式、无纸化助残服务。智慧残联精准康复平台是以"扶残、助残"为中心,将计算机技术、移动互联网技术应用到残疾人事业中的信息系统。系统主要帮助残疾人联合会规范管理流程、提升服务能力、提升办公效率,让残疾人更好地享受一站式、无纸化服务。一站式、无纸化服务,一是实现远程评估(评残);二是"一站式"服务,实现办证"零跑腿";三是"精准康复"服务,实现从筛查、上报、评估、审批、康复诊疗上的过程监督。

(4)康复云解决家庭康复/社区康复痛点。康复云平台针对康复诊疗周期较长这一特性,围绕着患者离院回归家庭后的持续康复需求,通过信息化手段打破家庭与医院之间的壁垒,以此来建立以家庭康复/社区康复为核心的康复云系统,利用信息化手段充分保证患者康复的依从性和溯源性,构建家庭康复/社区康复服务体系,从而提高患者就诊满意度。康复云平台主要包括医生端 APP、患者端 APP、医生后台管理、平台后台管理等功能模块。

3. 心肺康复建设

为改善新冠肺炎患者呼吸功能、心脏功能、躯体功能及心理功能,规范康复的操作技术及流程,最大限度减轻患者负担,促进全面康复,国家卫生健康委员会、民政部、国家医疗保障局、国家中医药管理局共同印发了《新冠肺炎出院患者主要功能障碍康复治疗方案》。该方案对呼吸功能、心脏功能、躯体功能、心理功能及日常生活活动能力障碍的主要表现、评估方法和康复训练方法进行了规范,要求各地以重症、危重症患者为重点康复人群,对不同病情、不同功能障碍的患者采取康复治疗措施,对康复机构明确分级、分类,开展对医务人员

(包括医师、护士、康复治疗师、医务社会工作者等)不同层次的专业培训,尤其要注重加强基层医疗机构社区康复能力建设。

(1)门诊康复。门诊康复主要针对心血管疾病人群、心血管疾病术后[如:经皮冠脉介入术(PCI)后、冠状动脉旁路移植术(CABG)后、瓣膜术后、大血管术后、心脏移植术后等]病情稳定人群、心血管疾病高危人群,为他们提供运动处方实施前后的评估、心脏康复方案制订等服务。运动处方评估包括疾病风险评估、心肺适能及体适能评测、心理评估、营养状况评估、生活质量评估、睡眠评估等,通过全面的评估可以对患者的疾病情况、术后情况等有准确和深入的了解,便于制订科学的个性化心脏康复方案。康复方案的制订采用多学科诊疗模式(MDT),在经过严格的评估流程后,由心脏康复医师、营养师、心理医师、临床药师制订综合的心脏康复方案。

(2)住院康复。住院康复的服务人群与门诊康复一致,但在服务内容方面存在较大差异。住院康复服务主要包括心脏外科术后综合管理和专家查房。心脏外科术后综合管理涉及心脏术后相关治疗、病情观察护理、伤口管理(愈合观察、换药、拆线、绷带包扎、胸带包扎等)、疼痛管理等服务内容。专家查房是由资深心脏内外科专家到住院病房进行查房,按需定时与住院康复患者进行"一对一"交流和答疑,及时掌握患者康复进展,以便调整康复治疗方案。

(3)心脏专项体检。心脏专项体检主要是针对心脑血管疾病高危人群或已患心脏疾病患者,判断他们是否患有心血管类疾病或患者患病情况的严重程度。检查内容包括全血细胞分析、心动超声、运动能力测定、体质分析、心理状态筛查、心肺运动试验等,检查项目覆盖面广、准确性高。

(4)呼吸康复持续终生。急性加重期的住院患者进行呼吸康复能够缓解症状、减少制动、预防并发症、改善功能及加速外科康复;危重症患者进行呼吸康复能够进行气道管理、早期康复,促进撤离呼吸机及预防ICU后综合征;住院患者回归社区后继续进行呼吸康复能够进行术后随访和ICU后综合征、急性期后的肺康复计划及自我管理。⑤

我们常说没有一种疾病不需要康复,即使是在肆虐全球的新冠肺炎疫情下,康复医学也在发挥着其独特的优势,进一步诠释了康复医学的价值——康复医学并非无足轻重,而是关乎人们生活的幸福与欢乐。

---

⑤ L. Nici,R. Zu Wallack. Pulmonary rehabilitation:today and tomorrow[J]. Breathe,2010,6(4):305 - 311.

四、我国森林康养产业发展现状与展望

（一）森林康养产业概况

森林康养是以森林生态环境为基础，以促进大众健康为目的，利用森林生态资源、景观资源、食药资源和文化资源，并与医学、养生学有机融合，开展保健养生、康复疗养、健康养老的服务活动。建设康养基地将带动养老、医疗、旅游、林下经济、健康食品等第一、二、三产业的深度融合，是促进经济社会转型发展的新动能。森林康养是时代的发展潮流和趋势。未来，森林康养不仅能在林业提质增效和转型升级中发挥重要作用，还将成为国民共享的一种生态福利。

（二）森林康养产业发展现状

1. 森林康养迎来重要发展机遇

康养产业得到中共中央、国务院高度重视，2017—2019年连续3年的"中央一号文件"对该项工作均作出重要部署安排。2017年"中央一号文件"《中共中央 国务院关于深入推进农业供给侧结构性改革加快培育农业农村发展新动能的若干意见》要求"多渠道筹集建设资金，大力改善休闲农业、乡村旅游、森林康养公共服务设施条件"。2018年"中央一号文件"《中共中央 国务院关于实施乡村振兴战略的意见》明确要"建设一批设施完备、功能多样的休闲观光园区、森林人家、康养基地、乡村民宿、特色小镇"。2019年"中央一号文件"《中共中央 国务院关于坚持农业农村优先发展做好"三农"工作的若干意见》提出要"充分发挥乡村资源、生态和文化优势，发展适应城乡居民需要的休闲旅游、餐饮民宿、文化体验、健康养生、养老服务等产业"。2016年《林业发展"十三五"规划》提出要大力推进森林体验和康养，到2020年，森林康养和养老基地达500处，森林康养国际合作示范基地5~10处。2017年《国家林业局办公室关于开展森林特色小镇建设试点工作的通知》提出，培育产业新业态，充分发掘利用当地的自然景观、森林环境、休闲养生等资源,积极引入森林康养、休闲养生产业发展先进理念和模式,大力探索培育发展森林观光游览、休闲养生新业态,拓展国有林场和国有林区发展空间,促进生态经济对小镇经济的提质升级,提升小镇独特竞争力。2019年《国家林业和草原局办公室 民政部办公厅 国家卫生健康委员会办公厅 国家中医药管理局办公室关于开展国家森林康养基地建设工作的通知》要求,国家森林康养基地要充分利用和发挥现有设施功能,适当填平补齐,基地建设要选址科学安全、功能分区合理、建设内容完整、特色优势突出;按照"环境优良、服务优质、管理完善、特色鲜明、效益明显"的要求,建设一批国家森林康养基地,推进森林康养产业发展,不断满足人民群众对美好健康生活的需要。

2. 森林康养将成为有影响力的产业

2016年《国务院办公厅关于完善集体林权制度的意见》提出,大力发展新技术新材料、森林生物质能源、森林生物制药、森林新资源开发利用、森林旅游休闲康养等绿色新兴产业。国家、省(市)级森林康养基地根据康养不同类型(保健型、康复型、养老型、综合型等)开展森林康养活动,开展康复疗养、健康养老等服务。森林康养产业在国民经济发展中具有重要地位,一些以县为单位的国家森林康养基地已成为当地有重要影响力的产业。2020年3月,国家林业和草原局办公室、民政部办公厅等4部门对遴选出的国家森林康养基地(第一批)名单进行公示,其中的奇台江布拉克国家森林公园地理位置独特,自然风光绮丽多姿;乌苏佛山国家森林公园集雪山、森林、草原、河流、峡谷、瀑布等于一体,四季有着不同的景致,春夏秋清新、奇秀、壮丽,到了冬天更是景象唯美,令人向往。

2016年1月《国家林业局关于大力推进森林体验和森林养生发展的通知》明确提出:"有条件的森林公园、湿地公园、林业系统自然保护区以及其他类型森林旅游地,要把发展森林体验和森林养生纳入总体规划,大力加强硬件、软件建设,积极打造高质量的森林体验和森林养生产品。"在国家林业局支持指导下,由中国林业产业联合会发起,中国林业产业联合会森林医学与健康促进会于2015年底启动了全国森林康养基地试点建设单位遴选,截至2018年,中国林业产业联合会已先后确定了374家(四批)全国森林康养基地试点建设单位。其中,四川、湖南是我国森林康养产业发展较早的地区,20世纪90年代成都周边山区就出现了依托农家乐开展森林康养项目的民间自发形态。

近年,河北、北京、陕西、黑龙江等地也就森林康养相关建设进行了有益的探索。自2012年起,北京率先引入森林康养的概念,组织翻译出版《森林医学》,开始探索建设森林疗养示范区。湖南、四川、贵州、陕西等省也相继开始关注森林康养这一新业态,推动了森林康养迈出产业化发展的新步伐。湖南省林业科学院试验林场2012年率先建立了湖南林业森林康养中心,打造绿色健康产业新品牌,2016年湖南省制定出台了全国首个省级森林康养规划。2015年以来,四川省通过制定出台森林康养的发展意见、基地建设标准、基地评定办法和

"十三五"森林康养发展规划,确定了63处森林康养基地;四川省林业厅还于2017年6月发起"森林康养360行动",倡导市民乐享森林康养。2017年9月,陕西成立了陕西省森林文化协会森林康养联盟,协调相关企事业单位、社会团体及个人合作,搭建森林康养产业平台,传播森林康养文化,加快了陕西省森林康养产业发展步伐。贵州省人民政府紧紧抓住"国家生态文明试验区"建设契机,持续举办生态文明贵阳国际论坛,2017年还专门设立"大生态+森林康养"专题研讨会,探讨贵州如何利用森林资源优势创建自己独特的绿色经济新模式。目前,通过国家卫生健康委员会官网、贵州省卫生健康委员会官网、贵州省体育局官网查到与康养产业相关的产业主要类型有森林康养产业和智慧康养产业2种,贵州省主要以森林康养产业为主。2020年3月17日公示的《国家森林康养基地(第一批)公示名单》中,贵州省有5处森林康养试点基地;截至2019年,贵州省共建设省级森林康养试点基地52处。

3. 森林康养研究还处于初级阶段

我国对森林康养的理论研究还处于初级阶段,对森林康养的理念还需进一步探索。在实践方面,人们对森林康养的认识还停留在游山、玩水、赏景阶段,对森林康养的具体内涵、养生功能等都没有清晰的认识。森林康养不仅是旅游,还涉及医药、养老等多个行业,涉及范围十分广泛。我国在森林康养方面还没有成功案例,缺乏典型示范,需要积累经验、不断完善,探索出适合自身发展的特色康养道路。

森林康养作为一项潜力巨大的新兴产业,在我国还处在萌芽阶段。目前,我国森林康养旅游开发运营主要有2种:政府性经营管理和市场性经营管理。森林康养产生的巨大经济效益势必会吸引众多投资者,因此,对森林资源的保护显得尤为重要。学者方面,亟须开展如何科学利用和开发森林资源,如何使森林开发与生态保护相统一等有关研究;政府方面,需尽快建立起森林康养方面的法律法规体系。

目前,国内对森林康养没有公认定义。多数学者认为,森林康养是指把优质的森林资源与现代医学和中医等传统医学有机结合,不同于传统的以观光为主的自然景区旅游,是以丰富的森林景观、沁人心脾的空气环境、健康安全的森林食品、内涵深刻的生态文化等为主要资源和依托,涉及休闲、医疗、度假、养老等众多门类,产业共融、业态相生、多元聚合,是大健康产业和林业嵌入耦合的新模式、新业态和新板块。森林康养以人为本、以林为根、以康为要、以养为源,从而实现养身、养心、养性、养智、养德的"五养"功效,充分体现"创新、协调、绿色、开放、共享"的发展理念。

森林康养具有其他康养形式无法比拟的功效,具体表现为:一是给人舒服感,增强免疫力。首先是森林的绿色视觉。绿视率理论认为,在人的视野中,绿色达到25%时就能消除眼睛和心理的疲劳,使人的精神和心理最舒适。森林能较强吸收太阳中的紫外线,减弱对人眼的刺激,可以有效地消除人眼和心理的疲劳,使人精神愉悦、心理舒适。其次,是适宜的温度和湿度。森林漫步和观景能有效抑制病菌滋生和传播,还能提高人体免疫力。最后,森林中的蝉鸣、潺潺流水等自然之声不仅给人以天籁之音的听觉享受,还能让人平和安静和身心愉悦。二是放松心灵,舒缓压力。森林中的植物会散发带有芳香味道的"芬多精",芬多精具有活化大脑、刺激神经、提高神经兴奋性等多重功效。研究发现,人体吸入杉树的"香味"后血压会降低,在吸入香气后 90 s 内测试血压,血压较吸入前会降低 3% ~ 4%,流经大脑的血流量减少,测试对象情绪逐渐稳定。森林的空气含有丰富的负氧离子,负氧离子又称"空气维生素"。研究表明,负氧离子浓度高的空气可以调节人体血清素浓度,有效调节神经、缓解视疲劳和烦躁郁闷情绪等,有助于提高人体免疫力。"森"呼吸,享受天然氧吧带来的身心愉悦,更是治疗亚健康的首选。

2015 年 6 月,北京林业大学与中国农工民主党中央、北京协和医学院、中国疾病预防控制中心等单位联合建立了我国首个生态与健康研究院,随后又在各高校内成立了森林康养研究中心,依托校内外多学科、跨领域研究优势,开展森林康养行业标准制定、决策咨询、教育培训、基础理论与应用研究实践。2016 年 6 月,中国林业科学院与浙江省温州市人民政府、乐清市人民政府共建了中国林业科学院温州森林康养研究中心,该中心致力于打造集科学研究、产业开发、对外合作、交流展示、人才培养于一体的综合性创新驱动研发平台。2017 年 11 月,中国林场协会成立了森林康养专业委员会,该组织致力于加强森林康养领域的科学研究、教育培训和国内外交流合作,助力建设美丽中国和健康中国。在地方政府大力推进森林康养产业发展的同时,部分高校、科研院所也开始将目光聚焦于森林康养的科技研究与人才培训。2017 年 12 月,北京林业大学首期森林体验和森林养生高级研修班开班,面向各省(区、市)林业厅(局)及国内重点国有林管理局、中国吉林森工集团等单位有关管理人员开展培训,目的是加强相关领域的管理人才培训,以支撑森林康养产业发展。

(三)森林康养产业发展展望

国家提供政策支持、引导,行业制定标准,高校开展研究和人才培养,全国多省(区、市)抢抓机遇,利用森林生态资源、景观资源、食药资源和文化资源,与医学、养生学有机融合,开展保健养生、康复疗养、健康养老的服务活动,建设一批康养基地,有效地促进当地产业发展,推动乡村振兴和精准扶贫。

1. 森林康养将成为品质生活的首要选择

森林特有的生物资源,能为人们提供特定的疗养体验。森林康养已经受到众多长期处于亚健康状态的城市居民群体的热烈欢迎。此外,森林康养具有资源的不可替代性、方式的可持续发展性。因此,未来森林康养活动将成为人们提高生活质量的首要选择。

2. 森林康养将成为低碳经济的发展路径

低碳不单单是应对环境恶化问题的一种缓解方式,已演变为现代人的一种生活态度。打造宜居环境,有针对性地开展养生活动,也属于低碳生活的一部分。这意味着,森林康养将成为低碳经济的发展路径,将推动低碳生活与经济生活的有机结合。

3. 森林康养将成为创新驱动的重要突破

森林康养试点基地不仅是中国森林资源功能转型的新尝试,更是中国大健康产业与旅游业融合的新起点。在促进中国地区经济转型、生态经济升级的同时,森林康养产业的发展能够完善、优化产业结构,探索商业新模式,进而推动经济发展新战略的制定。森林康养产业能够将传统旅游与疗养产业、文化产业、运动产业、养老产业等不同产业关联起来,快速实现集群化、基地化、规模化,培育多功能的产业联合体。

4. 森林康养将成为实现生态扶贫的必然选择

森林传统价值的弱化与康养价值的强化,充分肯定了森林康养的地位,并且为林业转型提供了新思路。同时,森林康养的社会经济效益直接决定了其经济价值。森林康养产业的发展,能够发挥山区的资源禀赋优势,带动山区农民脱贫致富。《国务院办公厅关于完善集体林权制度的意见》提出:"推进集体林业多种经营。加快林业结构调整,充分发挥林业多种功能,以生产绿色生态林产品为导向,支持林下经济、特色经济林、木本油料、竹藤花卉等规范化生产基地建设。大力发展新技术新材料、森林生物质能源、森林生物制药、森林新资源开发利用、森林旅游休闲康养等绿色新兴产业。"《国家林业和草原局关于促进林草产业高质量发展的指导意见》指出,发展目标是到2025年,林业旅游、康养与休闲产业接待规模达50亿人次。

5. 森林康养将成为林业转型升级的必然趋势

森林康养基地试点建设单位应以森林资源及其生态环境为依托,通过提供保健型、康复型、运动型、文化型森林康养项目,促进游客强身健体、修身养性,满足不同人群生理和心理健康需求。森林小镇以绿色作为底色,产业为基色,文化为原色,充分发掘和利用当地的自然景观、森林环境、休闲养生资源等,促进生态经济对小镇经济的提质升级,提升小镇独特竞争力。《国家林业局关于大力推进森林体验和森林养生发展的通知》指出:"要在开展一般性休闲游憩活动的同时,为人们提供各有侧重的森林养生服务,特别是要结合中老年人的多样化养生需求,构建集吃、住、行、游、娱和文化、体育、保健、医疗等于一体的森林养生体系,使良好的森林生态环境真正成为人们的养生天堂。要加强森林体验(馆)中心、森林养生

(馆)中心、森林浴场、解说步道、健身步道等基础设施建设,完善相关配套设施。"《关于启动全国森林体验基地和全国森林养生基地建设试点的通知》指出,充分汲取国内外相关领域的发展理念和成功经验,努力提高建设档次和服务水平,不断满足大众对森林体验和森林养生的多样化需求。

五、我国温泉康养产业发展现状与展望

(一)温泉康养产业概况

中国旅游协会温泉旅游分会给"温泉"的定义是:从地下自然涌出或人工钻井取得,水温≥25 ℃并含有对人体健康有益的微量元素的矿水。

温泉康养是利用温泉本身的保健和疗养功能,以"温泉+中医药"或"温泉+养生理疗"打造的各种温泉汤浴、温泉度假、温泉庄园、温泉小镇。⑥ 狭义的"温泉康养"指通过泡温泉达到康体健身和疗养的功效,主要利用其物理性质(如温度、酸碱度、压力、浮力和水冲击力等)及化学特性(如多种矿物质、微量元素等)来达到保健、疗养的效果;广义的"温泉康养"主要指以温泉沐汤为核心,结合健康旅游、休闲娱乐、膳食调养、心理调摄、推拿按摩、睡眠调整、健身活动等内容,逐步形成的综合立体的温泉养生体系。⑦

温泉康养的应用分为饮用和沐浴两大类。饮用是因为温泉含有丰富的微量元素及气体,如钙、镁、硒、锌、碳水化合物、氯化物、溴化物、重碳酸盐、氡气、二氧化碳等,饮用后对人体具有保健作用。如饮用含镁的天然矿泉水能有效降低血压及胆固醇;饮用含重碳酸盐的矿泉水能改善胃肠道消化功能,通便利尿,降血糖,促进胆汁分泌和胆结石排出。

温泉沐浴康养通过心理与生理途径来实现,在心理上主要是通过温泉浸浴消除疲劳、促进新陈代谢、舒缓心理压力;在生理上主要是通过泉水适宜的温度、机械冲击力、压力及浮力等物理作用,再加上微量元素浸入人体发挥有益疗效的化学作用,共同对人体发挥养生保健

---

⑥ 张俊杰,罗怡,李庆玲."温泉+"视角下特色小镇规划策略研究——以里湖镇石牌温泉小镇规划为例[J].华中建筑,2019,37(11):82-87.

⑦ 梁欢.温泉养身旅游产品开发与设计——以广元温泉为例[J].旅游纵览(下半月),2017(12):12.

效果。温热泉水的汩汩流动对人体有按摩作用,能清洁皮肤,保持汗腺和毛孔通畅,促进新陈代谢;泉水集束从高处泻下产生的冲击力可以"按摩"人的头、肩、背部等的肌肉,能够松弛神经、缓解压力,改善肩背僵硬及腰酸腿疼的问题,同时还能扩张血管、排除毒素、增强神经系统的活动等,对脑力劳动者的"亚健康"疲劳综合征有较好的疗效。温泉中的矿物质和无机盐使水的浮力增大,可使人的四肢活动更加轻松自如,有利于骨折后遗症、神经麻痹症、瘫痪等肢体运动障碍疾病的康复,还能促进淋巴流动,缓解炎症。此外,温泉水压可以促进血液循环,能够改善静脉曲张和局部水肿,还能使吸气困难,呼气顺畅,有利于支气管炎及肺部疾病的康复。温泉中的微量元素通过人体皮肤表层浸入机体,能调整人体内部的酸碱度,促进新陈代谢。如:温泉中的硫化氢能为皮肤补给营养,促进皮肤表层细胞生长,有效治疗皮肤病、关节炎等疾病;氡离子能治疗或缓解高血压、月经不调、糖尿病、神经衰弱、心律失常、皮肤瘙痒、内分泌紊乱等;硅酸对妇女生殖道黏膜疾病及皮肤病的治疗有很好的疗效;碳酸氢钠能够美容养颜,促进皮肤外伤和皮肤病的痊愈;铁离子有助于慢性病的恢复和各类贫血的康复;碳酸帮助促进血液循环,并能改善消化功能和排泄功能,对肥胖症、便秘、疲劳综合征、慢性肾炎、胃下垂、高血压、心肌劳损有很好的疗效。[⑧]

温泉一般含有具多种活性作用的微量元素,有一定的矿化度,对改善体质、增强抵抗力和预防疾病有一定的帮助。对肥胖症、运动系统疾病(如创伤、慢性风湿性关节炎等)、神经系统疾病(神经损伤、神经炎等)、早期轻度心血管系统疾病、痛风、皮肤病等具有一定作用。我国有丰富的温泉资源,"康养+温泉"的理念随着森林、温泉、中医药等天然康养资源不断被开发而深入人心。

(二)温泉康养产业发展现状

我国温泉资源非常丰富,温泉数量最多的5个地区依次是云南、西藏、广东、四川和福建,占全国温泉总数的70%;温度密度最大的省份为台湾、云南、广东、福建和海南。贵州温泉资源丰富,2017年全省旅游资源大普查共登记温泉(地热)资源单体264处,分布于72个县(市、区),其中优良级资源达77处。由于经济发展基础、社会文化背景及资源的差异,我国各区域之间温泉产业发展不平衡,但各具特色,华南地区温泉资源最丰富,市场成熟度较高,规模比较大,温泉度假地、温泉度假产品多;西南地区温泉产品以度假区为主,规模和层次差异较大,覆盖人群较广;华东地区的温泉度假产品发展较为迅速,主打中国元素,发展潜力较大;华中地区的温泉产业以酒店和度假区为主,开发年代较晚,产品的档次和规模与华

---

⑧ 毕忠艳,焦国亮,王通,等.温泉浴联合传统中医中药疗法治疗软组织损伤45例[J].中国疗养医学,2019,28(08):831-833.

南地区相比有较大差距;西北与东北地区的温泉旅游产业发展相对落后于国内其他地区。⑨

> **专栏2:全国最出名的十大温泉**
>
> (1)天泽湾温泉。河南汝州天泽湾温泉,出水温度高达57~75℃,含有50多种化学成分,其弱碱性水质对人体相当有益,既符合温泉的定义,又符合矿泉、医用矿泉的标准,对皮肤病、内分泌疾病、关节炎、心脑血管疾病均有疗效。
>
> (2)台湾苏澳冷泉。全世界有冷泉的地区除意大利威尼斯外,另一个便是中国台湾了。苏澳冷泉公园位于台湾宜兰苏澳镇冷泉路上,水质清澈透明,可饮可浴。苏澳冷泉pH为5.5,水中含有碳酸根离子、钠离子、钙离子,是台湾唯一的碳酸氢钙泉。泉温常年保持在22℃,泉水富含二氧化碳,对皮肤病和胃病有治疗作用,具有美容功效。人在刚步入泉池时,全身感受到一阵清凉,但浸泡不到5 min即会遍体发热,舒畅无比。
>
> (3)东北长白山温泉群。长白山温泉群遍布于长白山一带,主要包括抚松温泉、长白温泉、梯云温泉、龙涎温泉、屯温泉、安图药用泉及天池西侧的玉浆泉、金线泉等。龙涎温泉,也叫聚龙温泉,位于长白瀑布北约900 m处,有诗道:聚龙吐温涎,天冷升华烟,长白落瑞雪,枕靠天地眠。长白山温泉属于火山温泉,水温高,温泉水富含碘、镭、锶、氟、硅、硫化氢、硫酸盐,可舒筋活血,驱寒去病,消除疲劳,促进血液循环,加速人体新陈代谢。把长白山盛产的不老草(列当)、天麻等中草药添加到温泉中,形成特有的药浴,可增加泡温泉的保健效果。
>
> (4)云南腾冲热海温泉。腾冲热海位于腾冲市城区西南方向20 km处,共有较大的气泉、温泉群80余处,其中有10个温泉群的水温高达90℃以上。热海中最典型的是"热海大滚锅",昼夜翻滚沸腾,四季热气蒸腾。干蒸是热海传统的熏蒸疗法,即在蒸汽出露较多的地方铺上松毛和中草药,再覆盖草席,然后人躺在草席上,盖上毛毯,阵阵蒸汽浸透每一个毛孔,在宁静中安然入睡,有治疗失眠、美容、抗衰老的作用。
>
> (5)西藏羊八井地热温泉。羊八井地热温泉位于拉萨市西北向90 km的当雄县境内。羊八井有规模宏大的喷泉、热泉、沸泉、温泉、热水湖等,还拥有罕见的爆炸泉和间歇温泉。羊八井地热温泉矿物质含量高,可治疗风湿性关节炎、腰肌劳损、神经痛等多种疾病。
>
> (6)江苏南京汤山温泉。汤山古名"温泉",因温泉而得名,已有1500多年的历史。汤山温泉是世界著名温泉疗养区,居"中国四大温泉疗养区"之首。汤山温泉日出水量5000 t,常年水温60~65℃,含30多种矿物质和微量元素,具有治疗皮肤病、关节炎、多种慢性疾病的功效。

---

⑨ 刘晓农.我国温泉旅游的发展路径[J].湖南科技大学学报(社会科学版).2019,22(06):179-184.

续:

专栏2:全国最出名的十大温泉
（7）重庆北温泉。重庆温泉资源丰富,而北温泉居重庆温泉之冠,其位于北碚区,北濒嘉陵江,南倚缙云山,后更名为重庆北温泉公园。研究发现,此处的温泉水对神经衰弱、神经痛、腰肌劳损、末梢神经炎、外伤后遗症、腰椎病、颈椎病、肩周炎、神经性皮炎、皮肤瘙痒、慢性湿疹、高血压、慢性支气管炎、肾及输尿管结石、胃炎、骨折及其他疾病恢复期等均有一定疗效。其温泉水中所含的微量元素氡,对皮肤有较好的美容、保健功效。 （8）湖北赤壁龙佑温泉。龙佑温泉度假区位于湖北省赤壁市,坐落在风景秀美的五洪山麓。研究表明,龙佑温泉矿化度为1312 mg/L,pH为7.3,含人体必需的微量元素及化合物30多种。其温泉水中锂、氟、锶、偏硅酸的含量和矿化度均符合中国天然饮用矿泉水和医疗矿泉水规定。龙佑温泉不仅矿物质种类丰富,而且属于极具特色的硫酸钙型弱放射性氡泉,是极为稀少、珍贵的医疗矿泉。 （9）四川海螺沟温泉。海螺沟温泉位于四川省贡嘎雪峰脚下海螺沟冰川公园内。大量沸泉水从地下喷涌而出,出水口水的温度达90 ℃,足可用以沏茶和煮食鸡蛋。日出水量8900 t的沸泉水顺崖而下,形成一道宽8 m、高10 m的瀑布。沸泉水具有较高的医用价值,可以治疗多种皮肤病、关节炎,还可迅速消除疲劳。 （10）贵州息烽温泉。息烽温泉位于贵州省息烽县温泉镇,海拔700 m,四面环山,是一个较大的矿泉群,主要有3个泉眼,即生活泉、治疗泉、游泳池泉。息烽温泉为无色、无味、无嗅、透明的地下水,水温54~55 ℃,日出水量1000 t有余,有较高的医疗价值。水质属重碳酸、硫酸钙、镁型,矿化度316.66~318.00 mg/L,属低钠、低矿化度淡矿水。其温泉水含有锶、硒、氟、铜、锌、铁等30余种微量元素,属中性软水,无有毒成分,所有元素含量均符合我国生活饮用水标准,其中锶、钡、偏硅酸、氟已达到我国饮用矿泉水标准,氡含量适中,达氡泉标准。

（三）温泉康养产业发展展望

1. 中国温泉产业将进入产业结构性调整期

纵观全国温泉产业发展态势,温泉产业已经从2006年前后的"风生水起",逐渐变成近年来的"谨慎入市",投资规模也从追求"高大上"逐渐向特色突出、主题鲜明及地产和旅游综合体项目配套方面发展。国内温泉产业即将进入产业结构性调整期,温泉酒店业竞争持续激烈,整体进入微利时代,这种情况既是受到国家宏观政策影响所致,也是产业发展进入成熟阶段的必然结果。由于前些年温泉产业的井喷式发展,目前许多温泉业态同质化与游客需求多样化的矛盾越来越突出,再加上运营管理和营销的痛点无法得到有效解决,造成很多温泉开业度过3年的黄金期后就难以再吸引更多游客。在开业后的3~5年,如果没有新产品和新业态的补充,企业将进入盈利瓶颈,市场份额将逐年下滑。

2. 进入转型升级和商业模式推陈出新阶段

传统的"酒店+温泉""温泉+地产"的业态已难以构成企业发展的核心竞争力。细分市场、跟进需求开发特色产品,是温泉旅游大众化发展的必然趋势,打造个性化和多元化的旅游地成为温泉企业的共识。不少富有远见卓识的国内温泉企业已经开始进行温泉业态的革新和积极探索,他们在现有温泉资源的基础上不断叠加新的旅游要素,如主题乐园、水上乐园及亲子活动、美食节等来不断丰富温泉旅游地的体验感,逐渐形成了多元化与多样性的"温泉+产品"组合。在今后相当长一段时期,中国温泉产业将进入产业结构性调整期,温泉产业单一的商业模式开始被多元化的商业战略所取代。一些经营效益差、管理落后的温泉企业将不可避免地或破产,或被兼并、被重组,活下来的温泉企业也要更加注重节能降耗,更加注重创新产品体系和商业盈利模式,更加注重消费者需求。⑩

3. 温泉有向着养生和养老产业发展的趋势

中国社会正逐渐进入"未富先老""边富边老"的老龄化社会。新时代的养生,绝不是单纯的"养生",而要和休闲相结合,利用休闲来调整心态,解郁强身。休闲养生产业是以中国传统养生文化与现代休闲理念结合为背景,以健康长寿为核心,以养生文化为灵魂,以养生产品和养老服务为支撑,以养生资源的开发和养生市场的运营为主体的人文生态型产业。21世纪的新兴休闲朝阳产业——养生养老产业正在成为一个地区经济与社会发展的重要动力,温泉产业应该看准温泉养生养老产业的发展趋势,借力而为,顺势而动,才能打造温泉企业的产业链条,形成新的盈利模式。⑪

---

⑩ 曲亚楠. 康养旅游产业型特色小镇规划建设研究[D]. 绵阳:西南科技大学,2019.
⑪ 邓婉琦. 分析中国温泉旅游的发展现状及趋势[J]. 智库时代,2019(21):47,50.

六、我国养老产业发展现状与展望

（一）养老产业发展现状

1. 养老产业扶助政策、机制日臻完善

我国是世界上老年人口最多的国家，老龄化速度较快。截至2018年底，我国60周岁及以上老年人口有2.49亿人，占总人口的17.9%。如何提升老年人生活质量，实现老有所养已经成为一个比较突出的民生问题，而发展健康养老产业也已成为主动适应经济发展新常态和全面建成小康社会的一项紧迫任务。近年来，为保障和改善民生，积极应对人口老龄化，加强社会养老服务体系建设，进一步提高社会养老服务水平，做到"有备而老"，国家先后印发《国家积极应对人口老龄化中长期规划》《国务院办公厅关于推进养老服务发展的意见》《"健康中国2030"规划纲要》《民政部 国家开发银行关于开发性金融支持社会养老服务体系建设的实施意见》等一系列文件，以推进老年医疗卫生服务体系建设，推动医疗卫生服务延伸至社区、家庭，推动医养结合，鼓励社会力量兴办医养结合机构，发挥开发性金融的资金引领作用，吸引民间资本投入。

2. 城乡养老服务网络初具雏形

各地都建立了由老龄工作部门、民政部门、发展与改革部门、人力资源和社会保障部门等牵头，其他相关部门参与的工作机制，加强协调，齐抓共管，推动城市社区居家养老服务健康发展。搭建社区居家养老服务网络，增强社区居家养老服务能力，打造社区居家养老服务平台，使社区居家养老服务更加便捷、及时、高效。同时，大力提倡、引导多种形式的志愿活动及老年人互助服务，动员各类人群参与社区居家养老服务，城市社区居家养老服务工作正在有序推进，已取得显著的成效。

农村敬老院运作情况良好，农村互助幸福院的建设开辟了农村养老服务的新模式。目前农村互助幸福院主要采取村委会代管，以及农村老年协会"院会合一"管理的方式运行，总体运行较好,很受农村老年人的欢迎。

3. 医养结合试点在部分城市开展

《关于推进医疗卫生与养老服务相结合的指导意见》全面部署进一步推进医疗卫生与养老服务相结合,提出:"到2020年,符合国情的医养结合机制体制和政策法规体系基本建立,……医养结合服务网络基本形成。"要达成上述发展目标,一是引进大型医养结合养老集团对医养综合体及综合性老年养护楼等进行运营管理,推行"公建民营"管理模式;二是国企二级职工医院推进医养结合模式,其主要特点为依托医疗资源开展老年医养服务;三是农村敬老院推进"公建民营"医养结合模式,其主要特点为引进医疗资源,为在院老年人提供医养结合服务;四是建立医疗养老新模式,找寻医疗健康旅游、养生与精准医疗扶贫最佳结合点。

4. "居家社区机构相协调、医养康养相结合"的养老服务体系初步建立

《民政部 财政部关于中央财政支持开展居家和社区养老服务改革试点工作的通知》的出台,推动了医疗卫生与养老服务相结合,提出了"选择一批地区进行居家和社区养老服务改革试点,促进完善养老服务体系"的要求。养老服务机构、居家养老服务中心、社区老年人日间照料中心的投入使用,基本实现了城市社区居家养老服务的全覆盖,社会养老服务工作取得了明显成效。"十三五"末期,"居家社区机构相协调、医养康养相结合"的养老服务体系初步建立,为"十四五"期间开展家庭照护床位试点奠定了坚实的基础。

5. 老年人精神文化生活日益丰富

各地均建有老年活动中心,各居家养老服务中心(站)均设有老年活动室和活动小广场,打造了较为便利的健身活动平台。依托干部驻村、部门帮村开展结对帮扶空巢老人活动,老年人结对帮扶机制不断健全,组织社区党员干部、志愿者、热心邻里采取"一对一"或"多对一"结对帮扶的形式,为城乡高龄、生活困难、行动不便的空巢老人提供精神关爱服务,扩大老年人社会参与,培育发展各类老年社会组织。

(二)养老产业发展存在的问题

1. 老龄人口逐年增加,养老需求多样

全国60周岁及以上人口每年以数百万的人数增长,对养老市场总体发展有较大促进作用。从市场需求来看,养老需求呈现增量大、多样化的特点,不同生命阶段呈现不同的主体需求,在强能阶段有较强的社会需求、教育需求、工作需求、旅行需求和居家生活需求;弱能

阶段偏向于养护需求;失能阶段更多依靠医疗机构的医疗和护理。

2. 养老产品和服务的多样性、专业性、适老性有待进一步开发

从市场供给来看,我国养老产品和服务的多样性、专业性、适老性有待进一步开发。当前,养老产品和服务更多地聚焦于服务失能、半失能老人,着力开发各类床位建设及配套服务,忽视了初老群体,导致了养老产品和服务形式过于单调,多个产品市场未被开发。以旅游、社交、教育、康养需求相关的产品和服务为例,涉足的供应商明显少于地产、金融、用品领域,发展尚不成熟。未来,面对消费升级的变化和健康需求的转型,更需要多样化、专业化、有针对性的市场开发。

(三)养老产业发展展望

1. 智慧养老推动智能家居发展

《智慧健康养老产业发展行动计划(2017—2020年)》指出,到2020年建立100个以上智慧养老应用示范基地,培育100家以上具有示范引导作用的行业领军企业,打造一批智慧健康养老服务品牌。信息技术与养老产业的结合叠加,给智慧养老带来了巨大的想象空间。目前,我国超过90%的老年人采取居家养老,因此,与智慧养老、信息化养老关联极为密切的智能家居,正在迎来新一轮的发展机遇。智能家居可根据老年人的居家养老需要配置诸多便捷功能。例如,海尔智能家居U-home系统:老年人大多腿脚不便,U-home的智能起夜功能,可自动感应照明,自动检测并调整亮度,延时自动熄灭,让老年人起夜再也不用摸黑开灯;针对老年人突发身体不适、扭到腰等状况,在卧室与洗手间专门配备了室内紧急报警系统,老年人遇到状况时可直接按下紧急按钮,服务中心就能迅速收到老年人的求救信号,迅速出动,以保证老年人的身体安全。

2. 养老金融成为解决中国深度老龄化问题的关键

养老保险"三大支柱"是基本养老保险、企业年金和个人商业养老保险。2018年,我国已经进入深度老龄化社会,养老金融也成为解决深度老龄化社会面临问题的关键。目前,我国养老金融体系与发达国家相比仍有较大差距:美国的商业养老保险占比35.2%,规模达到9.9万亿美元;我国第一大支柱为基本养老保险制度,占整个养老金融体系近80%,但规模仅4.4万亿元。同时,由于我国的第一支柱基本养老保险替代率和第二支柱企业年金覆盖率低,无法满足当前的养老保障需求,但第三支柱个人商业养老保险在快速识别和及时响应消费者个性需求方面独具优势,基础需求旺盛。有数据显示,现阶段我国公民最大养老投资

偏好依然是银行存款或银行理财(30.2%),然后是商业养老保险产品(20.5%)、股票基金(13.2%)及购买房产(10%)。近年来,互联网和移动支付的普及,大大提高了中老年人获取金融服务的便利性,随着服务型政府建设的推进、PPP(Public – Private – Partnership)融资模式的进一步发展,我国养老金融市场发展将更加完善。

七、我国医药产业发展现状与展望

(一)医药产业概况

人们自我保健意识的深化,医药产品市场需求的日益增大,以及各级政府对民族保健产业、养生文化的扶持与弘扬,均极大地促进了我国医药产业的发展。《中医药健康服务发展规划(2015—2020年)》对当前和今后一个时期,我国中医药健康服务发展进行全面部署。当前,医药产业成长迅速,产业基础扎实,政府专门制定政策,从土地、资金、人才、市场准入等各个方面进行支持,为其营造良好的政策大环境。医药产业的良性可持续发展,已成为发展大健康医药养生产业国家战略不可或缺的一部分。大健康医药产品以基因生物技术、信息技术、新型制药技术等相关高新技术为主,重点开发具有自主知识产权且附加值高的创新药物、重大非专利仿制药、高端医疗新产品及医药衍生产品。同时,以新技术、新工艺、新剂型、新装备等的开发应用为特征,立足基础优势,加大科技创新和技术改造力度,提升技术和装备水平,提高区域及企业核心竞争力,优化产业结构,不断增强发展新优势,以实现医药产业的转型升级。

(二)医药产业发展现状

1. 医药生产企业数量增长速度快

中国制药"百强企业"主要分布在江苏、北京、山东、浙江等省份,截至2019年,全国共有原料药和制剂生产企业4529家。其中,化学药生产企业(含原料药)3454家、中药饮片生产企业 1236 家、中成药生产企业 2577 家、体外诊断试剂生产企业 63 家、生物制品生产企业 202 家、特殊药品生产企业 322 家。2018 年,我国国内生产总值(GDP)增长率为 6.6%,但医药工业增长率为 21.8%,明显高于整体增速。

2. 医药零售业保持平稳态势

截至 2018 年下半年,我国有零售药店 435 789 家(单体及连锁),其中,新增单体药店较多。2018 年,药品零售市场总规模约增长 14.7%,总体增速与 2017 年持平。2018 年上半年,药品零售市场总规模约增长 14.0%,总体保持平稳态势,全年达 3294 亿元,同比增长 15.0%。

3. 药品需求结构正发生变化

2000—2020 年我国处于人口快速老龄化阶段,年均增加 596 万人;2020—2050 年是加速老龄化阶段,年均增加 620 万人。我国人口老龄化对经济影响的高峰将在 5~10 年后到来,老年人的用药需求逐渐增大。主要表现为:一是老年人消耗的医药卫生资源是全部人口平均消耗的 1.9 倍;二是 60 周岁及以上老年人慢性病患病率是全部人口的 3.2 倍,伤残率是全部人口的 3.6 倍;三是在 65 周岁及以上老年人中有 66% 的人有长期用药需求;四是一个老年人每年有 12~17 次到医疗机构开具处方,平均每次处方要使用 4~5 种处方药和 1~2 种非处方药。

加强关注老年人的慢性病和用药需求就是抓住了医药改革的重要方向。老年人的医、养、管、护成了社会关心的重大课题,尤其是一些慢性病正在侵蚀着老年人健康,占疾病负担的 70%,致死率超过 85%。我国的 4 种主要慢性病为心血管疾病、癌症、糖尿病和慢性阻塞性肺疾病。到 2030 年,仅人口老龄化就会使慢性病负担增加至少 40%。如果不实施有效的防控策略,40 周岁及以上中国人罹患心血管疾病、慢性阻塞性肺疾病、糖尿病和癌症的人数在未来 20 年将可能增加到现在的 2 倍甚至 3 倍。我国药品需求方向将向治疗高血压、糖尿病、高脂血症、肥胖症、阿尔茨海默病、关节炎和类风湿性关节炎、骨质疏松症、癌症等的药物,抗病毒、抗流感、抗人类免疫缺陷病毒(HIV)等变异性病毒的药物,以及保健品、自我药疗用品、疫苗等方面发展。

(三)医药产业发展展望

1. 创新是医药产业未来发展方向之一

科技创新是提高社会生产力和综合国力的战略支撑,必须摆在国家发展全局的核心位置。要坚持走中国特色自主创新道路,以全球视野谋划和推动创新,深化科技体制改革,加快建设国家创新体系,把全社会的智慧和力量凝聚到创新发展上来。未来将针对恶性肿瘤、免疫性疾病、耐药感染性疾病、糖尿病、心脑血管疾病、神经退行性变性疾病等,集中研究和生产一批以基因药物、单克隆抗体药物、治疗性疫苗为重点的生物制剂。

2. 特色食药进入寻常百姓家

据医书记载,我国古代就利用食药进行充饥、调味、解酒、美容及延年益寿等,在经历一代又一代人的实践之后,食药被证实对人体具有治疗、保健和预防疾病的作用。《周礼·天官冢宰》中记载,疾医主张"以五味、五谷、五药养其病",疡医主张"以酸养骨,以辛养筋,以咸养脉,以苦养气,以甘养肉,以滑养窍",等等。《黄帝内经》记载:"大毒治病,十去其六;常毒治病,十去其七;小毒治病,十去其八;无毒治病,十去其九。谷肉果菜,食养尽之,无使过之,伤其正也。"随着人们生活水平的提高,特色食药越来越多地走进寻常百姓家,药补、食补的概念也逐渐深入人心。

3. 制药工业的未来发展趋势

我国制药工业的未来有4大特征:一是规模总量扩大,医药工业总产值不断增加,占GDP比重不断提高。二是集中度提高,制药工业百强企业的集中度2015年为44.2%,2018年超过50.0%。三是质量管理升级,《中华人民共和国药典(2020年版)》颁布实施,同时国家实施仿制药质量与疗效一致性评价工作,建立药品标准物谱图库,要求全部生产企业实施新版药品生产管理规范(GMP)。四是国际竞争力加强,截至2019年底,我国本土企业获得美国简略新药申请(ANDA)批准文号已超过300个,通过欧盟GMP认证的制剂生产场所已达300多个。我国制药工业正在进入一个快速和空前剧烈分化、调整、重组的新时期,企业两极分化、优胜劣汰的进程会大大加快。

八、我国康体运动产业发展现状与展望

(一)康体运动产业概况

随着社会、经济的发展,人们对生活质量的提高和对健康的需求越来越强烈,康体运动

产业的前景非常广阔。2014年《国务院关于加快发展体育产业促进体育消费的若干意见》明确提出要发展健身休闲项目,丰富体育赛事活动,促进体育产业融合发展,促进康体结合,加强体育运动指导,发挥体育锻炼在疾病防治及健康促进等方面的积极作用。《"健康中国2030"规划纲要》《全民健身计划(2016—2020年)》《国务院办公厅关于加快发展健身休闲产业的指导意见》《体育产业发展"十三五"规划》等政策性文件中都有强调注重康体运动产业发展的内容。以"健康"为支撑的康体运动产业是指通过提供促进人们身体运动,从而促进人们身心健康,提高社会适应能力的产品或服务的产业,包括运动健康产品制造业和运动健康服务业,其中,运动健康产品包括运动营养食品、健身器械、健身运动服饰和体质检测设备及软件管理系统等,运动健康服务包括运动健康场馆服务、运动健康培训服务及运动健康管理咨询服务等。

(二)康体运动产业发展现状

目前,虽然我国康体运动产业的总产值小于2000亿元,但是增长速度很快。以健身俱乐部的发展为例,我国商业性体育健身场所在20世纪80年代开始出现在城市中,20世纪90年代场所数量快速增长,至21世纪国际著名体育健身俱乐部连锁机构和管理顾问公司开始进入我国,我国健身俱乐部产业得以飞速发展。《2014—2018年中国健身俱乐部运营模式与投资前景预测分析报告》指出,2012年前全国健身俱乐部每年以300家左右的速度递增,北京健身俱乐部以每年30家的速度递增。对比国外,美国3亿人口,拥有26 000多家健身俱乐部,而中国13亿人口,却只有不到2000家健身俱乐部,未来的需求潜力是相当大的。

目前,康体运动产业各个子行业都有不同程度的发展,已形成了一定的基础,随着国民收入的提高,亚健康问题的突出,以及追求健康、时尚、形体美等生活观念的变化,运动健身行业正处在快速成长时期。

我国的康体运动消费增长迅速。有机构称我国城市居民用于个人健身的消费每年以30%的速度递增,明显高于全球的平均速度20%。虽然该数据不一定准确,却也在一定程度上反映了康体运动消费需求的快速增长态势。目前,我国康体运动产业的发展存在以下特点:

1. 发展不平衡

国内康体运动产业发展不平衡。一是地区间不平衡,在经济文化比较发达的东部和沿海地区及城市,参加康体运动的人较多;而在西部地区和广大农村,特别是偏远地区的农民,康体运动意识较差。二是人群结构不平衡,出现两头大、中间小的现象,即老年人和在校学生参加康体运动的多,而中青年则较少。三是层次不平衡,高收入阶层参加的康体运动项目相对丰富,而广大低收入者参加的康体运动项目则相对较简单。

2. 以民营经济为主

民营资本投资新兴休闲保健产业比例达90%以上。

3. 得益于健康事业弱

我国的运动健康事业发展弱,目前仅局限于社区运动小广场等非常基本、基础的设施,有的甚至没有社区运动设施。

(三)康体运动产业发展展望

根据2017年发布的《体育总局办公厅关于推动运动休闲特色小镇建设工作的通知》,我国计划到2020年在全国扶持建设一批体育特征鲜明、文化气息浓厚、产业集聚融合、生态环境良好、惠及人民健康的运动休闲特色小镇。

当今社会,竞争日趋激烈,人与人之间的关系空前紧张,信任危机、交际障碍等问题层出不穷,高楼大厦在赋予人们便捷舒适的物质生活条件的同时,也为人与人之间的交往构建了厚重的墙壁。如何更好地达成身心健康,并最终形成环境、身体、心理的共同健康发展,将是现代健身养生、休闲运动的最重要、最根本的目标。

贵州省率先在全国探索体育旅游新路的大规模体育类综合空间规划。2019年11月27日,《贵州省全国体育旅游示范区总体规划(2019—2035)》正式出台。该规划提出了阶段目标。近期目标(2019—2022年):创建全国体育旅游示范区,到2022年,体育旅游产业规模达到1000亿元,占旅游产业总规模的10%以上。中远期目标(2023—2035年):建成国内一流世界知名的体育旅游目的地,到2035年,体育旅游产业规模达到5000亿元,占旅游产业总规模的20%以上。该规划以创建全国体育旅游示范区为导引,成为推动全省体育旅游高质量发展、创新型发展的依据;以体育旅游融合理念为引领,以自然生态、文化脉络、市场圈层、交通体系、产业布局为因子,全面推进资源要素跨区域整合,整体构建"一核(省会综合运动休闲核心)、六带(喀斯特极限体育旅游带、红色拓展体育旅游带、民族体育旅游带、乌江水上体育旅游带、武陵康养体育旅游带、亚高原避暑冰雪体育旅游带)、多点(培育多个以县为单位的体育旅游特色区域,形成多点支撑)"的体育旅游发展新格局。国家统计局发布的人口统计数据显示,2018年末,我国60周岁及以上人口24 949万人,占总人口的17.9%,较2017年增加859万;65周岁及以上人口16 658万人,占总人口的11.9%,较2017年增加827万。按照国际惯例,60周岁及以上人口占总人口的10%以上,或65周岁及以上人口占总人口的7%以上,即为老龄化社会。据资料显示,中国是老龄人口数量世界第一和老龄化速度世界第一的国家,人口老龄化、亚健康等现象刺激了康养需求快速增长,这势必推动中国康养产业走向黄金时代。十九大报告指出，我国社会主要矛盾已经转化为人民日益增长的美好生活需要和不平衡不充分的发展之间的矛盾。在新时代，人们追求"美好生活"的意愿越来越高。从此次新冠肺炎疫情来看，更能体现出人们追求健康的意愿，为了能够更好地战胜疫情，居家锻炼也成了人们获得健康的主要手段。从这个角度来分析，"美好生活"不再单单是得到物质满足和经济富裕，还包括如何使身心变得更健康等方面的内容。

第四章
贵阳市康养产业发展现状

贵阳市深入贯彻落实《国务院关于加快发展养老服务业的若干意见》《国务院办公厅关于全面放开养老服务市场提升养老服务质量的若干意见》《贵州省人民政府关于加快发展养老服务业的实施意见》等文件精神,结合"全国养老服务业综合改革试点城市""第一批国家级医养结合试点单位"和"第三批中央财政支持开展居家和社区养老服务改革试点地区"实际,努力打造贵阳市"爽爽的贵阳·养老的天堂"养老城市名片,通过医养结合解决人口老龄化问题,拉动内需,扩大就业,推动经济转型升级。

一、贵阳市康养产业总体概况

(一)健康管理产业

1. 大数据与健康管理融合发展亮点突出

健康大数据的基础支撑作用不断显现,大数据与健康管理融合发展亮点突出。一是基层医疗卫生机构信息化实现全覆盖。贵阳市人口健康信息云平台投入运营,连通全市290家市、县、乡三级医疗卫生机构,汇集了714万份人口基本档案,254万份住院病历,122万份影像资料,393万份居民健康档案,592万条居民体检随访记录及近10亿条诊疗数据,实现基层医疗卫生机构的基本公共卫生服务全覆盖。二是基层健康管理服务能力大幅提升。全面推行家庭医生签约服务,制订家庭医生签约服务实施方案,将基层医疗服务和基本公共卫生服务有机整合,为不同人群提供基本治疗、公共卫生健康管理服务。2017年,全市建立家庭医生签约服务团队755个,签约人数1 587 958人,签约率34.76%,重点人群签约人数798 700人,签约率58.05%。三是健康管理服务模式加速创新。"贵阳中医学院·云上医疗"医学影像远程诊断平台建设加快,贵州省首家第三方独立医学影像诊断中心——贵州云上医学影像诊断中心现已开工建设。朗玛互联网医院设线下接诊点300个,日均问诊量突破7000例,专(兼)职医生100名,覆盖全省全部三甲医院,服务群众超200万人次。"IPTV智慧医疗"项目覆盖全国1.2亿个家庭,有效帮助居民通过远程问诊享受优质医疗资源服务。天安药业的"天安之家"慢性病管理云服务平台现已覆盖26个省(区、市)的线下服务网络,健康顾问、慢性病管理服务团队成员达上千人,慢性病管理服务体系合作门店8000多家。

2.以省会城市区域优势聚集省内健康联合体

贵阳市的健康管理定位为充分运用基层医疗机构在疾病管理、健康教育、健康档案建设上的功能作用,结合大数据产业,重点发展穿戴设备、健康促进、健康咨询等新兴业态,充分发挥大数据的管理价值,让大数据拥抱大健康。贵阳市以贵州省省会城市的区域优势,聚集省内健康联合体,同时积极引进大型健康管理机构或企业,发展以个性化健康检测评估、体检、咨询服务、调理康复、保障促进等为主体的健康管理产业。

专栏3:贵州省健康联合体

(1)贵州省健康管理协会。为了贵州省健康管理产业有序发展,促进资源共享和学术交流,实现健康管理适宜技术在全省的应用和健康信息化平台建设,在贵州省民政厅的支持下,联合全省三甲医院体检中心、健康管理中心骨干人才,整合全省健康管理行业主要机构,成立了贵州省健康管理协会。

(2)贵州省健康管理师协会。为规范健康管理人才培养,拓宽健康管理理念、知识的普及范围,加速健康管理行业资源整合和体系建立,以求全面提高国民"自我健康素养",推动贵州健康管理行业持续健康地发展,2018年省内的健康管理师和从事健康相关团体自愿组成社会团体——贵州省健康管理师协会,该协会在贵州省民政厅登记注册,并由贵州省科学技术协会主管。

(3)贵州省大数据健康管理产业技术创新战略联盟。在贵州省科学技术厅、贵州省经济和信息化委员会的支持下,以贵州省健康管理协会作为主体,在贵州省医学会健康管理学分会主任委员支持下,整合大数据健康管理相关院校、科研机构及企业,共同组建贵州省大数据健康管理产业技术创新战略联盟。

(4)贵州省健康管理专家联合体。为进一步推动健康体检科学化、规范化管理机制的建立,积极探索创新健康管理模式,不断提高省直行政事业单位干部职工健康管理水平,中共贵州省委保健委员会办公室成立中共贵州省委保健健康管理专家委员会,专门进行提高省直行政事业单位干部职工健康体检质量、开展健康管理、延缓疾病进展、预防并发症等工作。

(5)贵阳市大数据健康管理共享联合体。在贵阳市大数据健康管理研究及中共贵州省委保健健康管理专家委员会、贵州省大数据健康管理产业技术创新战略联盟的基础上,整合贵阳市的县(市、区)医院,组成医疗数据统一收集、资源共享、相互学习、相互帮助的联合体,实现从基层到顶层医疗资源的充分利用。

续：

专栏3：贵州省健康联合体
（6）贵州省大学城健康管理联合体。由贵州医科大学大健康学院与贵州医科大学大学城医院及各个学校校医院共同组成,致力于大学城学生和教师的体检、体质监测、健康管理、健康促进工作。

（二）健康体检产业

1. 健康体检中心总量不足

为规范、科学、合理设置我省健康体检中心,2018年4月,贵州省卫生和计划生育委员会发布《关于合理设置健康体检中心有关事项的通知》,通知要求："实行《医疗机构管理条例实施细则》第四十四条规定,以'中心'作为医疗机构通用名称的医疗机构名称,由省级以上卫生行政部门核准;在识别名称中含有'中心'字样的医疗机构名称的核准,由省、自治区、直辖市卫生行政部门规定。"据统计,2012—2017年,全省共设置健康体检中心25个,其中20个注册登记、5个获设置批准,远小于计划设置数量。计划设置数量为:贵阳市主城区设置10个,遵义市、毕节市主城区各设置4个,其他市(州)主城区各设置2～3个,县级区域内根据需要设置。因此,贵州省,尤其是贵阳市急需建设一批健康体检中心,以满足人们越来越重视的健康咨询和健康保养需求。

2016年,《省人民政府办公厅关于支持贵阳市大健康医药产业加快发展的意见》指出,支持贵阳市大力发展以"大数据＋医疗"为重点的健康医疗产业,发展专业医学检验中心、影像中心、病理中心、消毒中心等第三方服务机构,建设国家级大健康数据库,加强医疗服务、健康养老等大数据的广泛应用,创建"大健康＋大数据"融合创新发展示范基地。

就目前的大环境背景下,康养产业未来的发展需抓住的关键要素有2点:一是重视老年人群体。从人口年龄结构来看,贵阳市已属于老龄化社会,且老龄化趋势逐年加深、加重。老年群体相较于青壮年来说,生存能力、社会竞争力较弱,同时又伴随老年人人口数量在迅速增加,如何实现健康老龄化,提高老年人的生活质量已经成为每个家庭乃至全社会急待解决的难题,老龄工作者应该把工作重心放在实现老年人"受尊重、保健康、要长寿"的目标上来。根据相关的预测,在未来20年内,中国老年健康产业市场消费需求将达到20万亿元左右,必然会带来丰厚的收益与回报,养老产业将是一个极具发展潜力与挑战的发展方向。二是关注亚健康人群。科技带来进步与发展,使得人们的生活水平不断提升,越来越多的人开始投资身体健康。有调查显示:超过6成的白领处于过度劳累的状态,长期的辛苦工作与身心疲惫没有得到有效缓解,久而久之,身体呈现出亚健康状态,这类人群同样需要定期进行健康体检并实施科学的健康管理,这其中所带动的经济效益必然是巨大的。因此,健康体检中心未来的发展前景也是一片大好。

2. 健康体检中心面临的挑战

健康体检中心是针对健康人群、亚健康人群、疾病人群实施健康管理,通过对健康危险因素进行全面监测、分析、评估、预测、预防等,将科学的健康生活方式传递给健康的需求者,变被动的健康维护为主动的健康管理,更加有效地保护和促进人类健康。面对激烈的竞争,贵阳市要探索建设新时代健康体检中心,就要实现与康养产业有效融合。要实现与康养产业有效融合,必须在以下2个方面下功夫:一是单纯健康体检向综合性健康管理转变。这个转变在响应国家提出的"关卡前移、重心下移"号召的同时,有助于完善健康体检中心功能延伸和做好体检后后续服务的需要。二是增设创新服务项目,有力实现体检全程收益。全程收益落脚于体检前、体检中、体检后3个部分,每个部分都应高质量完成任务,才能实现体检过程的全程收益。健康体检中心要抓好检前服务,开展大量的健康教育,为受检者服务;还要对受检者检出病后实行门诊治疗、检后预约跟踪服务;还可与知名三甲医院合作,为受检者转入高端医院搭建桥梁,提供绿色就医通道等服务。

(三)健康医疗产业

健康医疗服务体系建设加快,基层医疗基础设施进一步完善,基本形成"15分钟城市社区健康服务圈"和"30分钟乡村健康服务圈"。一是"百院攻坚"行动计划扎实推进。2018年,新建、改(扩)建各类医院13所,建成健康细胞工程示范单位30个,社区卫生服务中心标准化建设达标率超过80%,医疗服务供给水平大幅提升。二是公立医院综合改革稳步推进,实现新型农村合作医疗市级统筹,统一全市城乡居民基本医疗保险制度,全面实现跨省异地住院即时结算。三是分级诊疗制度逐步建立。区域医联体建设提速,以乌当区、开阳县和息烽县为试点,建立紧密型县、乡、村一体化管理模式,积极推进贵阳市第一人民医院托管乌当区人民医院、贵阳市妇幼保健院托管南明区妇幼保健院等托管型模式,有效促进优质医疗资源下沉。四是基层卫生服务水平显著提升。紧紧围绕基层医疗卫生短板和薄弱环节下功夫,实现全市所有乡镇卫生院标准化建设、基层医疗机构执业医师、城乡居民大病保险、农村中小学校医、县级以上公立医院远程医疗"五个全覆盖"。在南明区、观山湖区社区卫生服务中心探索建立8个"博士工作站",采取"博士牵头对接、线上线下互动"的运行模式,通过实地诊疗、即时答疑等多种形式,每周固定为辖区群众提供医疗卫生服务,使社区卫生服务水平得到有效提升。五是中医药服务网络建设加快。基层医疗卫生机构中医综合诊疗区(中医馆)建设不断推进,中医"治未病"服务模式在全市积极推行。通过签订帮扶协议,积极开展帮扶医院、社区坐诊和中医体质辨识等特色服务,中医医疗服务能力显著提升。目前,全市中医师承项目持续推进。全市能够提供中医药服务的社区卫生服务中心、乡镇卫生院、社区卫生服务站、村卫生室占比分别达到100%、100%、86.2%、62.8%。

(四)健康养老产业

截至2019年底,全市60周岁及以上老年人71.5万人,老龄化率16.6%;养老机构203家(其中社会办养老机构81家,公建民营养老机构8家,国办养老机构7家,农村敬老院25家,社区日间照料中心82所),床位总数24 066张,每千名老人拥有养老床位34张。落实老年人优待政策,为高龄老年人发放高龄津贴,80~89岁老年人60元/月,90~99岁老年人100元/月,100周岁及以上老年人200元/月;年满70周岁的老年人,凭老年证免费进入公园、景区,免费乘坐城镇公交车、地铁等。

1. 坚持政府主导,科学布局

据2018年贵阳市民政局发布的数据,到2020年底,全市社会养老床位数将达到每千名老年人拥有养老床位达35~40张;日间照料中心100%覆盖城市社区,90%以上的乡(镇)和60%以上的农村社区建立包括养老服务在内的社区综合服务设施和站点,初步建成以居家为基础、社区为依托、机构为补充、医养相结合,功能完善、规模适中、覆盖城乡的养老服务体系。《贵阳市全国养老服务业综合改革试点城市建设行动计划》《贵阳市国家级医养结合试点单位建设行动计划》和《贵阳市"十三五"老龄事业发展规划》等文件相继出台,在土地、财政、税收、医疗、产业、价格、服务等方面作出了系统性的制度安排,为养老服务业发展提供了强有力的政策支撑。《贵阳市养老服务设施布局专项规划(2018—2035年)》,对市、区、社区三级养老服务设施作了合理布局,规划了养老建设用地54.28 hm^2,规划各级养老服务设施370处。

2. 坚持城乡统筹,多轮驱动

一是抓社区日间照料中心建设。整合社区各类闲置资源,通过改(扩)建、购买、租赁等方式,达到老年人医疗保健、文化娱乐、学习培训等方面需求标准。2014年,全力打造10个社区居家养老服务中心示范点;2017年,下拨资金对社区日间照料中心进行改造提升;2018年,将25个日间照料中心和30个农村幸福院列入贵州省人民政府民政民生实事;2019年,将15个日间照料中心和30个农村幸福院建设列入中共贵阳市委、市政府民生实事,建成83

个投入使用;2020年,新建10个日间照料中心、提质改造10个日间照料中心和5个农村敬老院列入中共贵阳市委、市政府民生实事,2020年底实现全市社区日间照料中心全覆盖。二是抓养老机构建设。2011年,全市新建、改(扩)建农村敬老院31所;2012年,中共贵阳市委、市政府将敬老院建设列为当年为民办十件实事项目,建设11所中心敬老院;2017年,争取上级资金1.6亿元,市、区配套约0.4亿元,新建贵阳曦阳老年养护院和贵阳乐湾国际老年养护院。2016年以来,新建了云岩区曦阳老年公寓、贵阳市社会福利院"老人康复楼"及"特教区改扩建"、贵阳市第二社会福利院"'三无'老人安置楼"等一批项目。三是抓农村养老服务。完成三批农村互助幸福院建设项目433个,其中市级示范点11个。同时,加大基层老年协会建设,《关于进一步加强基层老年协会建设的指导意见》对全市基层老年协会规范化建设作出安排部署,全市100个社区服务中心和75个乡(镇)均开展了居家养老服务。

3. 坚持创新发展,典型引路

一是积极探索"互联网+"的养老服务模式。结合贵阳市"数博大道"建设,白云区贵铝智慧幸福苑开展大数据与居家养老试点,构建以老年人为中心的智慧生活、智能用品、智能服务、智慧医疗、智慧文化生活融为一体的养老平台,实现自主、便捷、透明的智慧养老。乌当区推动养老服务信息平台与智慧医疗健康云平台的对接,整合APP、居民健康卡等信息资源,全区已发放居民健康卡10万余张,其中老年人健康卡近1万张。云岩区依托贵州都市报"96811"平台,2019年为4000余名特殊困难老年人购买了洗衣做饭、就医陪护、家庭用品配送等养老服务。二是积极探索"医养结合"的机构养老模式。鼓励医院拓展养老功能,建成住养、医疗、康复一体化的综合养老机构,实现"医养合一";鼓励有条件的民办养老机构增设医疗护理,提供医护服务。贵阳曦阳老年养护院积极探索"1+5"医养服务模式,该模式被列为国家发展和改革委员会典型案例;云岩区皇钻老年公寓建立了老年护理院,实现养老院从单一养老模式向专业养老护理、情景交融管理、疾病康复、心理护理、临终关怀等多功能健康养老新模式转变;云岩区康园老年公寓、曦阳老年公寓、神奇日间照料中心等一批养老服务机构作为省级医养结合试点示范单位,为全市医养结合发展提供了示范。目前,全市所有的民办养老机构均与周边的医院合作,共同探索多模式的医养结合养老服务体系。三是探索多元化的养老服务。采取"投资多元化、建设多类化、经营多样化"的灵活模式,个人、企业、社会团体等均可投资建设养老服务机构。南明区夕阳红老年康复公寓,借鉴国外先进的养老服务经验,探索"幼儿园+养老院"的"一老一小"模式,走出了一条养老与幼教结合的"双赢"之路。

4. 坚持规范管理,提升水平

一是解决养老机构监管难题。按照《国务院办公厅关于全面放开养老服务市场提升养老服务质量的若干意见》的要求,在放开养老机构许可、实行备案登记的同时,加强对养老机构的监管,将养老机构消防安全、食品安全、建设补助、运营补贴、服务质量等纳入民政"数据铁笼"系统,通过大数据的手段,对养老机构的运营管理进行实时监控,对经检查发现的"问题养老机构"纳入数据分析,实行"整改一个,系统销案一个"管理模式,提高养老机构管理工作科学性。二是解决养老机构安全难题。2016—2018年,贵阳市民政局连续3年联合贵阳市公安消防支队对全市社会福利机构消防整改情况进行摸底,按照"省市补助一点、区(市、县)匹配一点、养老机构自筹一点"的方式,累计投入资金2000余万元对养老机构消防安全设施、食品安全设施等进行改造。2019年,将全市民政系统福利机构及养老机构安装"电丁丁"智慧用电监管服务系统纳入财政预算,用大数据远程监控手段,提升电气安全隐患排查整治水平,真正解决养老机构对电气火灾安全事故防范不足的难题。三是解决养老产业人才不足的难题。在中共贵阳市委、市政府的支持下,贵阳市民政局加强与学校的合作,引导和支持高等院校、中等职业学校和职业教育培训机构增设养老服务相关专业和课程,加快培养老年服务管理、医学、康复、护理、营养、心理和社会工作等方面的专业人才。贵阳护理职业学院开设养老护理专业,每年培养养老专业人才200余名;贵州医科大学神奇民族医药学院每年培养康复、护理等专业的学生1500余名。同时,支持和鼓励养老护理机构的养老护理员参加企业在岗职工养老护理职业技能政策性补贴培训,组织养老机构工作人员参加老年服务管理、医疗保健、护理康复、营养调配、心理咨询等方面的专业培训累计达1000余人次。2016—2019年,贵阳市民政局会同贵阳护理职业学院与德国蕾娜范集团联合开展了11期"中德养老护理培训",共培训600余人。通过以上这些人才培养方式,可有效解决贵阳市养老产业人才不足的难题。

5. 坚持社会参与,市场运作

充分发挥市场在资源配置中的决定性作用,引入市场竞争。结合贵阳市"全国养老服务业综合改革试点城市"实际,市民政局、市财政局加大对养老机构的扶持力度,对获得许可的社会办养老机构给予每张床位3000元的一次性建设补助和每年800元的运营补贴(2020年提高到1000元)。为减轻养老机构的运营风险,建立养老机构综合责任险制度,从2016年起,按照自愿的原则,综合责任险按每张床位100元的标准,由省级福利彩票公益金补贴80%;雇主责任险按每人200元的标准,由省级福利彩票公益金补贴50%。积极鼓励社会力量参与运营公办的养老机构,将乌当区中心敬老院、观山湖区中心敬老院、云岩区中心敬老院等公办养老机构交由民营企业运营管理。2018年,省、市政府招商引资养老产业项目9个,开工建设项目6个,完成投资8.01亿元。同时,加快推进康养基地建设,吸引国内外老年人到贵阳休闲、旅游、度假、养老,截至目前,贵阳市共有9家省级康养基地(试点)。

(五)健康医药产业

健康医药产业发展加速,发展水平明显提高;产业总量不断扩大,产业效益不断提升;产业主体不断壮大,医药制造业综合竞争力不断增强。一批影响力大的大健康相关企业相继落户贵阳,贵州益佰制药股份有限公司、国药集团同济堂(贵州)制药有限公司等一批龙头企业加快上、下游并购重组,构建健康医药产业全产业链企业,综合实力得到快速提升。

创新能力不断增强,技术支撑能力显著提升。以苗药为代表的"黔药"品牌优势凸显,一批单品种民族药在国内外医药界的影响力和知名度得到提升。在2018年贵州省第四届大健康医药产业发展大会上,乌当区东风医养健康小镇、息烽温泉康养旅游基地等9家企业(基地、园区)获批省级大健康医药产业发展示范企业(基地、园区)。截至2018年,贵阳市获批省级大健康医药产业发展示范企业(基地、园区)20余家;贵州省大健康医药产业技术研究院和贵州·台湾大健康产业(云锦)示范基地落户贵阳。

(六)康复医疗产业

2020年5月,贵阳护理职业学院开展了贵阳市医疗机构康复医学服务能力调研,共调研了21家具有独立法人资格的医疗机构,并组织专家组进行研究论证,编制了《贵阳市医疗机构康复医学服务能力调查表》。调查内容包括:①康复机构(医院性质、级别、类别、康复服务)、科室(床位、康复治疗室)设置;②康复诊疗人员配备及素质;③康复诊疗项目及能力;④康复医疗和护理服务。本次调研采用专家实地调研、电话访问、机构座谈、专家咨询等多种形式进行资料核对,广泛了解各医疗机构对康复医学服务能力建设的意见、建议。

1. 康复机构、科室设置

①医院性质:21家医疗机构都是公立医疗机构;②医疗机构类别及级别:三级综合医院(医院含中医综合、中西医结合)12家,二级综合医院2家,专科医疗机构(妇幼保健医院、骨科医院、肿瘤医院、传染病医院)4家,康复专科医院3家(三级医院1家、二级医院1家、一级医院1家);③康复服务:设有康复医学科、提供康复服务的医疗机构分别为17家和20家。二级以上综合医院设置康复医学科的比例为85.7%,高于全国平均水平;其他7家医疗机构设有康复医学科的比例为71.4%;部分医疗机构未设置康复医学科室,仅提供理疗、推拿按摩、针灸等部分康复服务。详情见表1。

第四章 贵阳市康养产业发展现状

表1　2020年贵阳市医疗机构康复服务情况

医疗机构类别及级别	机构总数/家	设置康复医学科机构数		提供康复服务机构数	
		数量/家	占比/%	数量/家	占比/%
三级综合医院	12	11	91.7	12	100
二级综合医院	2	1	50	2	100
专科医疗机构	4	2	50	3	75
康复专科医院	3	3	100	3	100
合计	21	17	81	20	95.2

21家医疗机构总开放床位数为22 973张,康复医学科实际开放床位数为1245张,占所调研医疗机构总床位数的5.4%。其中,三级综合医院康复医药科床位数占医院总床位数的4.1%,符合三级综合医院康复医学科床位数应为医院总床位数的2%~5%的标准;二级综合医院康复医学科床位数占医院总床位数的2%,不符合二级综合医院康复医学科床位数至少占医院总床位数的2.5%的标准;3家康复专科医院康复服务总床位的比例为100%,均达到康复医院康复床位数不少于75%的标准。同时,双向转诊、分级诊疗仍未取得实质性进展,大部分康复患者还不能得到连续的、分阶段的专业康复治疗。

三级综合医院和大部分二级综合医院均设置了物理治疗室、运动治疗室、作业治疗室、语言(言语)治疗室、传统康复治疗室等康复治疗室,但大部分未设置康复评定室、心理治疗室、康复支具(工程)室,其他医疗机构以设置物理治疗室和传统治疗室为主。

2. 康复诊疗人员配备及素质

21家医疗机构中,从事康复诊疗的康复医师总人数为170人,平均每家医疗机构约为8.1人,每10万常住人口康复医师人数约为3.62人(2016年末,贵阳市常住人口469.68万人),低于国家要求的每10万常住人口康复医师数大于5人的标准,其中康复医学执业医师约占22.4%,中医及临床类别执业医师约占78.2%。三级综合医院康复医学执业医师比例约为23.7%,康复专科医院平均每家医院康复医师人数约为6.67人,其中康复医学执业医师占45%。调查显示,从事康复诊疗的医师注册比例偏低,这与国内大多数地方的情况一致,由于国内医学类院校培养的康复专业人才不足,临床上普遍是由中医科、骨科、神经内科医师转向康复医学科,其中有部分变更注册为康复医学执业范围,也有部分仍未变更,这无疑会使从业者承担一些法律风险。

21家医疗机构中,康复治疗师总人数为204人,平均每家医院康复治疗师人数约为9.71人,每10万常住人口康复治疗师人数约为4.34人,低于国家要求的每10万常住人口康复治疗师人数大于10人的标准,其中取得康复治疗师资格者占65.2%。康复工程治疗师、精神心理治疗师比例普遍偏低。康复治疗师学历及职称普遍偏低。需要强调的是,仍有部分医疗机构,包括三级综合医院把康复治疗师分散于临床科室管理的情况,极不利于康复医学科规范化管理和康复治疗师的成长,影响康复治疗的质量。详情见表2。

表2 2020年贵阳市医疗机构康复人员配置情况

医疗机构	机构总数/家	康复医师人数/人	取得康复执业医师资格证者		康复治疗师人数/人
			人数/人	占比/%	
三级综合医院	12	114	27	23.7	114
二级综合医院	2	10	1	10	23
专科医疗医院	4	26	1	3.8	26
康复专科医院	3	20	9	45	41
合计	21	170	38	22.4	204

21家医疗机构中,从事康复护理的总人数为156人,平均每家机构从事康复护理人数约为7.43人。

3. 康复诊疗项目及能力

21家医疗机构中,各级医疗机构对传统康复治疗、理疗和运动治疗项目开展比较充分,针对功能评价(尤其儿童康复功能评定测评、情感-心理-精神功能测评、电生理诊断、心肺功能测评)、心理治疗、康复工程方面开展较少。开展康复诊疗病种主要集中在常见的脑血管意外、颈肩腰腿痛、关节炎等疾病,慢性阻塞性肺疾病的康复诊疗主要在三级综合医院开展。对复杂性神经性疾病、糖尿病、冠心病、高血压等疾病的康复治疗开展较少,尚未开展涉及肿瘤的康复诊疗业务,对危重、复杂疾病的诊疗能力欠缺。

4. 康复医疗和护理服务

注重预防、治疗、康复三者结合原则,加快推进全市康复医疗服务体系建设,提升康复医疗服务能力,延长治疗—康复—护理服务链,促进形成分级诊疗和医养结合服务模式。贵阳市政府部门将"提升康复医疗服务能力"纳入改革任务,更进一步推动了康复医学的发展;康复医疗服务网络不断得到完善,促进了康复医疗服务能力的提升。康复专科医院医护一体化合作,三级综合医院康复护理能力较强,大部分开展了住院患者跌倒管理、院内压疮发生管理、疼痛优化管理、患者早期康复运动、排便功能康复护理、膀胱排尿功能性康复护理、吞咽功能训练,二级综合医院及以下医疗机构开展的康复护理项目较少。

综上所述,贵阳市三级综合医院康复医疗服务体系初具规模,但是医疗机构康复服务能力不足,缺乏高水平的康复专科医院,专业康复人员缺乏,专业水平及康复医学科管理都有待进一步提升,双向转诊、分级诊疗有待加强。

(七)康体运动产业

创新型生态体育城市建设稳步推进,康体运动产业基础不断夯实。一是基本公共体育服务不断完善。全市"一场一馆一中心"建设工作持续推进,白云区全民健身中心、息烽县全民健身中心、修文县全民健身中心、清镇市体育馆等项目建设加快。二是生态体育公园建设及山地户外体育旅游精品线路建设卓有成效,南江大峡谷、桃源河、苏格兰牧场等户外运动及素质拓展基地初具规模。三是精品赛事活动影响力凸显。贵阳市成功举办了2019贵阳国际马拉松赛、2019"跑贵州"山地越野跑联赛暨第四届西望山国际越野跑挑战赛、2019中国超级摩托车锦标赛暨中国公路摩托车锦标赛(贵阳站)、花溪杯全民运动赛车总动员系列赛等一批具有国际影响力的赛事,树立了良好形象。

(八)康养休闲养生产业

通过国家卫生健康委员会官网、贵州省卫生健康委员会官网、贵州省体育局官网查到关于康养产业的主要产业类型有森林康养产业和智慧康养产业2种,贵州省主要以森林康养产业为主。贵阳市有8个休闲养生园基地(见表3),占贵州省休闲养生园基地的9.9%。

表3 贵阳市休闲养生园基地重大项目

项目名称	主要建设内容和规模	建设地点 县(市、区)
百花湖泰尔健身养老文化产业园	建设老年公寓、度假公寓、医疗机构、生态养生度假区、户外运动基地等	观山湖区
青岩源著文化健康村	打造集商业文化休闲组团、山水度假养生组团、健康居住人文组团等于一体的文化旅游健康综合项目	花溪区
天河潭养生文化小镇	建设养老综合社区、生态养生文化社区,打造智能养老示范基地	花溪区
青岩古镇健康养生组团	建设休闲养生馆,开展山林养生、日光养生、生态水疗、民俗养生、康体运动等	花溪区
花溪黔陶生态旅游基地	黔陶生态旅游基地综合开发	花溪区
神奇智能化生态养老养生	建设养老床位2万张	乌当区

续：

项目名称	主要建设内容和规模	建设地点 县(市、区)
泉城五韵乡村旅游度假区	推进生态养生体验,打造国家4A级旅游景区——"泉城五韵"乡村旅游度假区	乌当区
金色凤凰城国际医疗健康综合体	建设养生养老公寓、养生五星级酒店、韩国美容医疗服务街区、医院及其他商业配套	修文县

资料来源：《贵州省健康养生产业发展规划(2015—2020年)》。

通过对贵阳市康养产业基地和休闲养生园基地的调查,相关数据显示,康养产业和休闲养生产业的发展不但可以将贵阳市独特的少数民族地区的民俗、民风文化向世界传播,还可以带动当地的经济快速发展,从而提高人们的生活质量,满足更多人对"美好生活"的向往。

二、贵阳市康养人才需求与培养现状

(一)贵阳市康养产学研平台发展现状

贵阳市以产学研合作为基础,以企业为主体,以科研院所为支撑,以市场为导向,以产品为核心,积极培育建设创新研发平台。截至2017年10月底,贵阳市共有大健康产业相关国家级工程技术研究中心1个、国家级重点实验室1个、国家级众创空间2个、国家级地方联合工程研究中心(工程实验室)3个、国家级企业技术中心1个,省级工程技术研究中心13个、省级重点实验室7个、省级产业技术创新联盟1个、省级工程研究中心(工程实验室)3个、省级企业技术中心14个。2017年,8家省(市)级康养研究平台参与了贵州医科大学主持的"贵州省大健康产业竞争力分析"课题研究,该研究成果荣获2020年贵州省第十三次哲学社会科学优秀成果奖一等奖。

第四章 贵阳市康养产业发展现状

专栏4：贵阳市区域内的贵州省康养产学研平台

（1）贵州省健康养老协同创新中心。该中心是贵州省教育厅2016年立项的贵州省高等职业教育人才培养质量提升工程项目，主持单位是贵阳护理职业学院。2016—2019年，在科研方面，建成健康资源主体研究平台、智慧健康养老研究平台、养老资源主体研究平台、健康养老产品研究平台4个研究平台；在应用方面，建成健康养老学院、健康养老研究咨询中心、老年心理健康指导中心、健康养老人才培训中心4个服务平台；在人才培养方面，2018年开办老年护理专业"中德学历班"，引入德国相关行业标准，创新了中德联合双主体养老专业人才培养体系，与德国企业共同制订老年护理专业（德国蕾娜范）人才培养方案；在社会服务方面，与贵阳市云岩区中心敬老院共建贵阳护理职业学院老年护理院，实现技术输出和社会服务。

（2）贵州省森林康养医学研究工程技术中心。结合贵州医科大学附属医院健康管理中心、贵州医科大学大学城医院、贵州省体育科学研究所等单位，构建体质监测、风险评估、亚健康监测等检测平台。①开展运动心肺功能测试：以心脏功能为核心指标，通过对运动时心率的监测，判断心肺耐力。②亚健康风险评估：通过测定人体内多个器官的能量是否均衡综合反映人体自身状态。③HRA智慧健康风险评估系统：采用生物电感应技术，检测全身各个脏器的生物活性和生理功能，预测潜在危险因素和疾病发展方向，并通过大数据管理平台给予合理的饮食、运动建议。④人体成分分析：通过监测身高、体重、身体质量指数（BMI）、体脂率、浮肿指数等，对被测者做体型分析及肌肉脂肪节段性与平衡分析，评估健康风险和运动风险。⑤晚期糖基化终末产物（AGEs）健康风险评估：主要是评估早期糖尿病疾病风险、视网膜病变风险、神经病变风险及心血管疾病风险。⑥平衡能力（平衡指数）测定：平衡能力反映的是一个人的综合身体素质。对中、老年人来说，平衡能力不足，会增加跌倒和骨折的风险，应提高警惕。⑦健康体适能测定：通过心肺耐力、身体成分、力量适能、柔韧适能、平衡适能、肺通气功能综合测评，给予体适能和运动能力分析，总结相关疾病风险。⑧中医辨识：通过中医体质评估、中医经络测评对被测者的健康状况做出分析，及时排查亚健康状态及隐匿的疾病，预测患病风险。⑨慢性病微循环调理：运用仿生脉冲磁共振原理，改善血管舒张功能，促进血液循环，进而改善骨骼、肌肉、血液及其他病理状态，使病变组织循环得到良好修复。⑩运动损伤康复：运用新型医疗理疗设备，能够快速辅助治疗运动拉伤、颈椎病、腰痛、下肢关节痛、肩周炎、腰椎病等常见的病症。

（3）贵州省大健康工程技术中心。该中心是以贵州"大数据、大健康"产业发展重大需求为导向，以"健康大数据、精准医学和细胞工程、健康与疾病管理和功能保健食品开发"为发展方向，通过高校、科研院所、大型骨干医疗健康企业的强强联合、分工合作、利益共享，构建的人才、学科、科研和产业服务"四位一体"的工程技术中心。建设贵州省大健康工程技术中心教学科研平台，同时开办健康管理、康复治疗和医学信息工程等专业，开展全方位专业化相关产业人才培养，为贵州省的"大数据、大健康"产业提供人才支持。

续:

专栏4:贵阳市区域内的贵州省康养产学研平台
（4）贵州省医学影像大数据协同创新中心。该中心是推进区域内高校、科研院所与地方产业协同创新的纽带和桥梁,是针对医学影像大数据研究开发技术新兴产业和高校创新能力及学科人才建设的共同需求,以各方共同利益为基础,通过人才、学科、科研、产业"四位一体"的体制机制创新和政策项目引导,以提升医学影像大数据研究开发技术领域的协同创新能力和服务区域经济发展及培养工程型、应用型科技人才为目标,建设的优势互补、利益共享、风险共担的协同创新合作体。该中心是各参与高校和科研院所、大型企业在该领域"人才培养、学科建设、科学研究、成果转化"的平台。该中心已形成完善的人才、学科、科研、产业"四位一体"的体制机制,成为国内一流的医学影像大数据创新基地和产业导向型人才培养中心,建成面向区域发展的医学影像大数据研究应用领域国家实验室(工程中心),为建设科教协同创新示范基地和国内一流的医学影像大数据研究开发技术基地提供强有力支撑。 （5）贵州省数字健康管理工程技术研究中心。该中心组建于2014年,以贵州地区人群健康数据库为基础,以数据健康管理技术为主要研究方向,以研发推广数字健康管理模式为目标。该中心依托建设单位在健康管理及医疗卫生信息服务领域丰富的技术实践经验,整合贵州大学在人才团队与科研方面的优势,清华大学信息技术研究院在领域内丰富的研发成果和经验,以及贵州省内22家权威医疗与健康管理服务机构的健康管理实践经验,结合国家养老、健康服务及职能部门健康管理与促进等工程所急需的重大技术和关键技术,开展数字健康云计算技术、数字健康大数据分析技术和移动互联网健康动态监测技术等研究,探索具有贵州特色的数字健康管理模式。 （6）贵州省大数据健康管理产业技术创新战略联盟。该联盟主要研究方向在于组建健康管理体系,建设大健康理论内涵,对健康管理资料进行分析,发布贵州省健康状况分析蓝皮书,指导贵州省健康管理工作开展,推广无创监测、常规检查、基因检测(贵州医科大学体检中心完成);把贵州省医疗云、贵阳市医疗云、贵医云等融合发展,建立贵州省健康管理云,构建贵州省大数据健康管理基础数据库;通过海量数据的模型分析,构建贵州省高血压、脑卒中、糖尿病等患病人群的数字化疾病模型,为贵州省高血压、脑卒中、糖尿病等患病人群的健康监测体系的构建奠定技术基础;指导贵州省积极引进、推广具有国内先进水平的健康管理适宜技术。 （7）贵阳市大数据健康管理研究中心。该中心正在完成大健康理论内涵建设、贵州省大健康竞争性分析、贵州省医疗卫生与大健康融合发展实施意见、贵阳市"十三五"大健康科技现代化等政府职能部门交办的专家调研任务。该中心基于云计算技术基础研究,

续：

专栏4：贵阳市区域内的贵州省康养产学研平台
重点突破海量健康数据存储标准、健康信息交换标准、健康信息云端安全关键技术等核心技术瓶颈，构建贵阳市大健康管理基础数据库。该中心将对贵阳市体检数据进行整合分析、健康预警分析，编写贵阳市健康体检蓝皮书，从医药、养生保健、康复等方面指导民众开展健康管理工作，有效地控制疾病各个阶段的发展，做好疾病的预防、干预、康复等工作，实现贵阳市民众的健康促进，把研究中心建成区域性健康管理指导中心。 （8）区域性健康管理研究中心。在贵州医科大学大健康学院及中共贵州省委健康管理专家委员会的带领、支持下，该中心已陆续在贵州省内其他地区建立管理研究中心，包括云岩区健康管理平台建设规划项目及地区医院的体检中心、健康管理中心机构，负责收集各地区健康管理、健康体检数据，将数据汇总至贵州省健康管理云，实现数据全面收集和深度挖掘分析。在各区域性健康管理研究中心的带领下，在地区开展健康管理适宜技术推广、实用人才培训等，实现贵州省健康管理产业全面、平衡发展。

（二）贵阳市康养人才需求与队伍建设现状

1. 贵阳市康养人才需求分析

《"十三五"卫生与健康规划》中明确指出，发展医养结合，为老年人提供治疗期住院、康复期护理、稳定期生活照料、安宁疗护的健康养老服务，需要一支集护理、康复、针灸推拿、营养、健康管理等专业人才于一体的复合型服务队伍。当前，社会对康养专业人才的需求迅速增加，世界各国每10万人口康养产业专业人才需求数（以物理治疗师为例）约为70人，而我国仅为0.4人，人才缺口非常大。

参照国际平均水平，我国的康养产业从业人员和技术人员，如护理人员、健康管理师、药（中药）师、营养师、康复医师、康复治疗师、社区综合康养人员等远不能满足现实需求，服务人员匮乏，特别是康复医疗和养老专业人才数量完全无法与庞大的康复养老机构服务需求人数相匹配。又由于全科护士、妇幼保健师、康复治疗师、全科医生组成的全科团队，为全人群提供全方位、全生命周期健康服务，已成为健康服务的主要方式，护理、养老服务、康复、中医和临床（全科）等方面人才已成为现阶段最紧缺的康养人才。因此，迫切需要加快康养人才的培养步伐，以适应当今社会需求。

2. 贵阳市康养人才队伍建设现状

人才队伍进一步优化,为大健康产业发展提供智力支持。一是自主培养高层次人才,强化基层全科医生培训。截至 2019 年上半年,贵阳市共有 7 所职业学校开设大健康相关专业,其中,医药卫生类学校 5 所、体育与健身类学校 2 所。专业涵盖护理、农村医学、中医康复保健、中医护理、中药制药、休闲体育服务与管理、运动训练、中餐烹饪与营养膳食等专业,相关专业在校学生近万人,为大健康产业提供了人才基础。二是着力引进高层次人才。认真落实《贵阳市引进高层次人才办法》《贵阳市市级公立医院引进人才实施细则(试行)》,大力引进医疗卫生专业技术核心人才、骨干人才和急需紧缺人才。贵阳护理职业学院近 5 年先后引进医学博士 2 名,硕士 60 余名,副高级职称人才 20 余名。

(三)贵阳市康养产业学科建设现状

1. 护理专业示范引领全省护理改革与发展

护理专业围绕健康养护康养岗位群,提供全生命周期、全方位护理等方面的教学服务。贵阳护理职业学院具有 81 年护理专业教育历史,多年来为全国培养了南丁格尔奖获得者——苏雅香等一大批优秀护理人才,是引领护理专业发展的"航标"。学院拥有一支结构合理、专兼结合的省级优秀教学团队,已建成总面积 8500 余 m^2,集教学、培训、职业技能鉴定、技能考试等为一体的省级开放实训基地,并建有国家一流的客观结构化临床考试(OSCE)考试中心、数字化实训中心和具备标准化病人(SP)教学基地标准的仿真综合实训中心。学院以校企国际化合作办学为标杆,开办"中德学历班""卓越护士班",培养具有国际化视野的护理人才;以国家一级保健按摩师——刘林领衔的省级大师工作室(康复护理)为依托,践行康复护理现代学徒制,培养具有保健按摩技能的技能型康复护理人才。

2. 公共卫生管理专业贯彻三级预防,推进健康管理服务

公共卫生管理专业围绕健康管理康养岗位群,提供健康教育、病因干预、疾病预防、健康指导、营养保健等方面教学服务。与企业共建、共管、共享"双融"平台,有效加强理论与实践、职业道德与工匠精神的融合,突出"康养特色与服务社会结合,人文素养与技术技能并重,外延发展与内涵建设同步"的办学理念,产学结合紧密、特色鲜明、就业率高,为社会培养适用人才,为地区经济、社会发展提供服务。

3. 临床医学专业定位基层医疗,打造全科医师

临床医学专业围绕健康医疗康养岗位群,提供融"预防、保健、诊断、治疗、康复、健康教

育"为一体的全科医疗教学服务。培养面向基层医疗卫生机构需求,融"预防、保健、诊断、治疗、康复、健康教育"为一体,能"下得去、用得上、留得住"的高素质技能型人才。

4. 康复治疗技术专业中西相融,面向全民健康

康复治疗技术专业围绕健康医疗康复岗位群,提供面向功能缺失、疾病后、亚健康、老年人等人群的特色康复教学服务。培养具有独立实践操作能力、创新创业能力的高素质康复治疗专业技术人才,与贵阳市各级医院康复医学科、康复专科医院(中心)、工伤康复中心、乡镇卫生院、社区卫生服务机构等开展交替式实践教学,构建"中西相融"康复治疗技术重点,提升老年康复、社区康复专业人才技能。

5. 中药学专业传承和创新民族特色康养服务

中药学专业围绕健康医药康复岗位群,提供以中药(民族药)为重点的健康养生特色康养教学服务。中药学专业特色鲜明,着力培养康养产业链中特色食材和中药材的种植/养殖,健康食品、特色膳食、特殊用途医疗食品及保健品的研发、生产、加工、销售、服务和管理等一线岗位需要的高素质技能型人才。

三、康养应用型人才职称晋升体系现状

(一)构建康养应用型人才职称晋升体系的内涵要义

1. 康养应用型人才的概念

应用型人才是指能将专业知识和技能应用于所从事的专业社会实践的一种专门的人才类型,是熟练掌握社会生产或社会活动一线的基础知识和基本技能,主要从事一线生产的技术或专业人才。基于对康养产业的明确定位及对《"健康中国2030"规划纲要》的解读,康养应用型人才的定义为:基于当前、着眼未来,以健康意识、预防意识、全生命周期纵贯为导向,对全体社会成员的全生命周期中身体、心理、社会等方面提供疾病预防、疾病治疗、康复、健

康促进等服务的应用型人才。

2. 康养应用型人才的范畴

康养应用型人才的范畴基本是依据康养的范畴而定的。随着康养内涵的不断丰富及外延的不断扩展,康养应用型人才的范畴也随之发生变化。根据康养服务的对象不同,可将康养应用型人才划分为对人的不同生命时期的"身、心、社会"健康提供服务的专门人才,如幼儿照护师、养老照护师等;根据服务的具体工种可细分为康养医师、康养护士、健康管理师、心理咨询师、康复治疗师、营养师等具体的应用型专门人才。随着康养产业链的不断细化和扩展,康养应用型人才的范畴也在不断调整和拓展,目的是更好地适应康养产业发展,同时满足人们对健康的需求的不断提高。

在我国,康养产业是一个应社会需求,在国家层面引导下,刚刚发展起来的新兴产业。我国的康养应用型人才队伍建设正在面临重构和再起步,专业人才短缺、素质不高、职业发展通道不畅、缺乏顶层设计等问题;同时,整个康养应用型人才队伍建设存在人才结构不够优化、高层次和高技能人才紧缺等问题,康养应用型人才的职业界定、职业范畴、职业标准及职称晋升体系等还处于全面探索阶段,严重制约了康养产业的整体发展。

目前,康养行业存在大量跨领域的专业和半专业人才,部分职业的界定混乱,缺乏基本职业发展规划及职称晋升支撑体系。如公共营养师、健康管理师、社区康复师、心理咨询师等,这些人才既不归属医药卫生部门所辖,也不能归属于民政部门、人力资源和社会保障部门,游离在监管体系之外,找不到管理归口。以上现象直接导致了许多新兴康养工种界定混乱,新兴康养应用型人才没有规范的职业标准和清晰的职业生涯发展规划可循。同时,部分刚刚兴起的康养行业尚处于开发摸索阶段,缺乏国家、行业协会及行业专家的顶层设计和规划。从康养产业从业人员来说,人才队伍审核不严,缺乏顶层设计,缺乏高端行业标准,存在大量"擦边球"职业的情况,势必会影响康养产业长期、可持续发展。因此,康养应用型人才的职称晋升体系构建势在必行。

3. 康养应用型人才职称晋升体系构建是康养产业可持续发展的必然需求

随着社会的发展,康养产业需要的是"高、精、尖"人才。从某种程度来说,高素质、高技能的人才资源是科技要素的活化载体,也是产业发展中最具活力和创造力的影响因素。在物质需求得到满足之后,人们开始追求健康生活、享受健康生命,康养产业应运而生,成为承载"互联网+康养"的新兴产业之一。在人们对健康的迫切需求背景下,在国家大力推进康养产业发展,以顶层设计的方式引领下,"康养"成为贵州省经济发展的重要抓手,各地方以康养基地、康养小镇、康养产业园等形式招徕投资者,吸引康养项目落户本地。

康养产业在顺势发展的过程中遇到了不少难题。其中,非常重要的方面就是我国康养应用型人才队伍建设仍然面临专业人才短缺、素质不高、职业发展通道不畅、缺乏顶层设计等问题。究其原因,主要是存在康养应用型人才职业界限混淆、职业标准不清、发展方向不通、发展动力不足、职称晋升体系未建立或未规范等问题。同时,行业中存在大量跨领域的专业和半专业人才,他们游离在监管体系之外,没有管理归口。因此,康养产业急需政府、行业协会及行业专家进行全方位体系化的规范化设计,其中就包含人才职称晋升体系构建。因此,如要大力发展康养产业,需形成完整、规范的康养应用型人才职称晋升体系,以解决康养从业人员动力不足问题,稳定康养应用型人才队伍,保障康养产业可持续发展,保障服务对象的安全和舒适度,稳定服务质量,提升康养应用型人才队伍整体实力。

(二)康养应用型人才职称晋升体系现状

1. 沿用具体工种现存的职称晋升体系

许多复合型康养应用型人才职称晋升体系还采用的是具体工种的现存的职称晋升体系,例如目前康养护士就是参照使用普通护士的职称晋升体系,此做法的好处在于有现存的标准、规范可以参照,不至于导致康复护士的职业标准和职称晋升体系混乱。但是,康养护士的工作对象、工作内容及岗位所要求的各种能力跟普通护士的均有很大的区别,卫生系统护士的职称晋升体系不能与康养护士的能力完全匹配。因此,当前的做法不利于康养护士的职业生涯发展。

2. 整合型康养应用型人才职称晋升体系的构建尝试

文献分析发现:有关康养产业人才培养的研究较多,但对康养应用型人才职称晋升体系的研究较少见。部分康养行业相关工种还采用的是该工种现存的职称晋升体系,这就会导致相关从业人员的职称晋升体系不能与转型后的康养应用型人才能力完全匹配,不利于其职业发展。另有极少学者对康养应用型人才职称晋升体系构建进行了研究。范巍等将我国养老人才队伍建设按照职业专业领域设置若干职组,按照业务分工设置若干职系,按照专业化层级设置若干职级,按照不同领域的工作实际设置若干职位,最终形成"职组—职系—职级—职位"的康养职称晋升体系。研究者对康养职称体系进行了横向和纵向整体搭建。从横向看,以卫生、养护、教育、管理、科技和文化为主构成康养职组,涵盖了与健康养老相关的、能够满足老年人各类养老服务需求的主要领域。从纵向看,各个领域依据不同的职业特点划分为不同的职系,各个职系依据职业专业化和技术化水平进行等级划分,形成覆盖一般劳动、半技术型、技术型和专业型的康养应用型人才"金字塔",处在"金字塔"不同层级的从业人员具有较为清晰的职业定位和职业差异,各个层级之间和其他相关职业之间具有明确的发展路径。康养职称晋升体系主要针对的是康养产业中的养老产业,对康养产业中的其他职业尚无指导作用。值得注意的是,此研究对于研究康养产业从业人员的整体职称晋升体系架构有一定的借鉴意义,可以此体系作为构建整合型康养应用型人才职称晋升体系的借鉴。

(三)康养应用型人才职称晋升体系构建的难点

1. 公众对康养产业认知程度不够

公众对康养产业认知程度不够,产业高、中、低端人才短板突出。康养产业的发展需要认知程度、空间要素和适度市场化的共同作用。其中,认知程度包含政府认知程度、公众认知程度和行业认知程度。目前,政府与行业认知对于康养产业具有前瞻性,对康养产业的发展起到了很好的推动作用。但公众对康养产业认知不够,一方面由于公众的信息获得途径存在局限性,对康养产业的认识有一个从不了解到了解、从不接受到接受的过程,在一段时间内可能会造成公众对康养产业的不理解,甚至是误解,康养产业理念无法清晰地传递给公众;另一方面,长期以来,康养产业从业人员整体文化水平和素质较低,缺乏正规的职业培训,使得公众对康养应用型人才的认知定位不高,从而导致康养产业从业人员在进行康养应用型人才职称晋升体系构建时执行度不够,或公众因为长期对康养产业的偏见而不愿意进入康养产业从事康养工作,或现有从业人员流失过多造成康养应用型人才的严重短缺,继而影响康养应用型人才职称晋升体系的构建。

2. 康养产业统筹机制亟待突破

康养产业是近几年新兴的产业,在此之前,无论是研究者、康养工作者,还是公众,均认为康养产业服务的人群是老年人和亚健康人群。《"健康中国2030"规划纲要》指出:"全民健康是建设健康中国的根本目的。立足于全人群和全生命周期两个着力点,……要惠及全人群,……使全体人民享有所需要的、有质量的、可负担的预防、治疗、康复、健康促进等健康服务,……要覆盖全生命周期,针对生命不同阶段的主要健康问题及主要影响因素,确定若干优先领域,强化干预,实现从胎儿到生命终点的全程健康服务和健康保障,全面维护人民健康。"显然,康养产业的服务对象已从"老年人和亚健康人群"转型到"覆盖全人群和全生命周期"。服务对象的全方位拓展促使康养产业的内涵和外延不断丰富和拓展,尤其最近几年康养产业还在不断开发和重构,康养应用型人才也在不断新生和转型优化。这给康养应用型人才职称晋升体系构建带来了不稳定性,也将是构建康养应用型人才职称晋升体系面临的重大挑战之一。

3. 职称晋升体系政策支持有待完善

目前,国家层面的康养应用型人才职称晋升体系尚未建立,各地的康养应用型人才职称晋升体系构建还处于摸索研究阶段,仍需政府给予引导。因许多康养行业还处于待兴状态,符合各具体康养行业发展规律的职称晋升方案还需要政府、行业协会及行业专家通力合作、不断磨合,才能形成符合康养应用型人才职业发展规律的职称晋升体系,这也是康养应用型人才职称晋升体系构建面临的一大挑战。

第五章
贵阳市康养产业发展SWOT分析

一、贵阳市康养产业发展机遇分析

（一）美好生活的新需求，开启康养产业的新时代

党的十九大报告指出："中国特色社会主义进入新时代，我国社会主要矛盾已经转化为人民日益增长的美好生活需要和不平衡不充分的发展之间的矛盾。"现代人追求的健康，不仅包括疾病防治和身体物理机能方面的健康，还包括心理健康和思想健康，即身心合一的健康。人们希望通过医疗技术服务、旅游度假或康体休闲活动等达到治疗、防衰、强体、养心等各种健康目标。在广泛的健康需求驱动下，生命医学、基因测序、民族医药、中医药疗养、养生旅游、大健康服务等众多与健康相关的产业获得了市场和资本的关注。"身体健康、心情愉快，生有所养、老有所乐"成为人们对幸福生活的基本诉求，涵盖预防、保健、养生、养老、医疗、文化、体育、旅游等诸多业态的康养产业已引起了国家的高度重视，开始蓬勃发展，成为备受国民关注的新兴产业。康养消费结构加速向发展型和享受型升级，大众的健康意识增强，人们对高质量的康养需求日益旺盛。康养产业作为民生改善与深化供给侧结构性改革的重要契合点，将成为推动经济社会向更高质量发展的新兴战略性支柱产业。

（二）健康理念的新认识，促进康养产业的新发展

为积极应对我国主要健康问题和挑战，我国实施了健康中国战略，此战略以提高人民群众健康为目标，以解决危害城乡居民健康的主要问题为重点，坚持预防为主、中西医并重、防治结合的原则，采用适宜技术，以政府为主导，动员全社会参与，切实加强对影响国民健康的重大和长远卫生问题的有效干预，确保到2020年实现人人享有基本医疗卫生服务的重大战略目标。从中央到地方，从大康养领域到健康、养老、森林康养和康养旅游等，都有了完善的政策支撑，康养产业发展的黄金时代已经来临。

一场突如其来的新冠肺炎疫情，给社会生产和人民的生活造成了巨大影响，为全民上了一堂提高健康卫生意识的公开课。健康中国战略的实施，标志着我国正在以治病为中心向

以人民健康为中心转变,关注的是生命全周期、健康全过程。随着人们健康观念的转变,涵盖健康、养老、养生的康养产业蓬勃发展,成为备受关注的新兴产业。对于一个新兴产业,限制性界定往往不利于产业发展和研究深入,只有以开放、包容的思想去作更深入的拓展,才能更好地促进一个新兴产业走向成熟。在康养研究起步阶段,有必要在内涵上减少不必要的限制,并赋予康养更多的涵义。因此,针对涵盖健康、养老、养生、医疗、旅游、体育、文化等诸多业态的康养产业,我们首先应扩大其内涵,纠正"康养 = 健康 + 养老"的狭隘认知,这对后续相关学术研究和康养产业发展至关重要。

随着"'50后'婴儿潮"群体步入养老刚需,健康养老产业蓝海逐步涌现,康养产业的黄金时代已经来临。据调查,45%的城市老年人拥有存款,2016年老年人存款超过17万亿元,人均存款将近8万元。目前中国老年康养产业市场消费需求在5万亿元以上。随着康养产业的供给不断增加,2030年中国老年康养产业市场消费需求将达到20万亿元左右,老年康养产业规模到2030年将达到22万亿元,产业远景可期,或将成为名副其实的国家经济的支柱产业之一。

(三)顶层设计的新定位,催生康养产业的新战略

党的十九大报告提出了"人民健康是民族昌盛和国家富强的重要标志",将"实施健康中国战略"作为国家发展基本方略中的重要内容,这意味着健康中国战略是国之大计。康养产业作为健康中国战略的主抓手,是关系到民生的特殊朝阳产业,其覆盖范围广、产业链长,直接影响到多个行业的发展。发展康养产业,无疑是推进经济结构调整和供给侧结构性改革的重要方向。

康养产业相关政策较早出现在养老和医疗领域,老年人及老龄事业历来是国家关注的重点,一度被写入国家发展规划中。多年来出台各种优惠补贴、土地政策及支付体系细化专项鼓励政策百余项,逐渐形成了较为完善的医疗体系。政策的完善给医疗、保健、药品、卫生等整个产业链带来了巨大变革,同时也加快了康养产业的市场化进程。在健康中国战略引领,健康服务业业态指引,养老服务设施用地保障,养老服务市场培育激活,养老支付体系逐渐完善的背景下,标准化、规范化、多产业融合成为我国康养产业的主基调。在细分产业上,森林康养被纳入《林业发展"十三五"规划》;康养旅游也迎来了首个规范性文件——《国家康养旅游示范基地》行业标准,发展渐成气候。

在《"健康中国2030"规划纲要》颁布以后,加快发展康养产业已经成为共识,全国多个省(区、市)把发展康养相关产业作为新的经济增长点,并编制了发展战略及指导性意见。

《健康贵州行动实施方案》的实施,是把康养产业发展作为践行以人民为中心的发展思想、保障改善民生的重要举措,既有利于满足庞大老年群体多样化、多层次养老需求,又有利于扩大就业、发展经济。一方面,大力发展康养产业,转变健康服务模式,把重心从疾病治疗

转变为预防与照护,把对象从患者扩展到全人群,把领域从医院延伸到社区及家庭,将是应对人口老龄化、疾病谱变化及人们对高品质生活需求的有效措施。另一方面,大力发展康养产业,是我们牢记嘱托,继续守好发展和生态两条底线的有效路径;是进一步释放生态红利,扩大就业,做好"六稳六保"的有力举措。

积极响应《健康中国2030"规划纲要》和《健康贵州行动实施方案》,贵阳护理职业学院深度调研贵州省康养产业发展现状,瞄准康养全产业链发展,围绕学院优势,紧盯康养产业中康养服务业发展,围绕健康管理、健康医疗、健康养护、健康医药四大岗位群,积极制订发展策略,提出"走康养"发展战略,建立康养专业群,以"预防—诊治—康复—健养"为服务核心,对接岗位群需求,为适应地方康养产业发展,积极培养德技并修的复合型康养人才。

(四)社会民生的新矛盾,带来康养产业的新挑战

"康养"是一个更具包容性的概念,涵盖范围广阔,与之对应的康养行为也十分宽泛:康养既可以是一种持续性、系统性的行为活动,又可以是诸如休息、疗养、康复等具有短暂性、针对性、单一性的健康和医疗行为。延伸到更大范围,从生命的角度来看,康养要兼顾生命的3个维度:一是生命长度,即寿命;二是生命丰度,即精神层面的丰富度;三是生命自由度,即国际上用以描述生命质量高低的指标体系。

随着我国人口深度老龄化,老龄人口基数大、增长快、结构分化,我国健康养老产业进程进一步加快。2017年末,我国60周岁及以上老年人口共计24 090万人,占总人口数的17.3%(国际老龄化社会标准为10%)。特别是我国农村地区的养老问题更为突出,我国有6亿多农村人口,在老龄化城乡倒置、未富先老现象、农村青壮年劳动力转移、传统家庭养老功能弱化、农村医疗保障制度不健全的挑战下,广大农村老年人群的养老问题将成为乡村振兴中亟须解决的重要课题和时代性难题,也将是未来康养产业的重要布局和趋势选择。此外,2015年世界卫生组织公布的数据显示:2012年,全球死于慢性病的人数占总死亡人数的68%。我国已确诊为慢性病患者的人数为2.6亿,由慢性病所导致的死亡人数占我国总死亡人数的85%,占我国疾病总负担的近70%。

据《2017年社会服务发展统计公报》相关数据显示:2017年,全国有600多个城市基本没有康复专科医院,康复医学科床位数占医疗机构总床位数比重仅为1.8%;我国有养老服务机构2.85万个,养老服务机构床位数为780万张,平均每千名老年人口床位数仅33.8张,与发达国家相比存在较大差距。同时,我国养老机构还存在基础设施供应不足、产业结构不够健全、康养专业人才匮乏等问题,康养产业供需失衡矛盾日益凸显。

目前,人们普遍认为康养服务的人群是老年人群和亚健康人群,但是从生命长度、丰度和自由度这3个维度来说,每个人都可以根据自己的状态在这个体系里找到特定的位置。

也就是说,从幼儿到青少年,再到中老年,各年龄阶层的人群都有不同程度、不同类型的康养需求,从健康到亚健康再到患病,甚至是需要临终关怀的群体,都有必要纳入康养的范围。

随着人口老龄化、疾病谱变化及人们对高品质生活需求的增加,健康服务模式发生了3个转变——健康服务的重心从疾病治疗转变为预防与照护;服务对象从患者扩展到全人群;服务领域从医院延伸到社区及家庭。但由于康复治疗的服务需求快速增长,以及居家康复服务的需求迅速攀升,给康养产业带来了新的挑战。

近年来,在健康中国战略和健康贵州战略的背景下,贵州借助天然的生态优势、丰富的民族文化、大量的民族医药、特色的健康饮食,康养产业得到高速发展,迸发出勃勃生机。但是,从整体来看,贵州的康养产业依然存在体系不完备、产业链缺失、大而不强等问题。目前,省内甚至还没有成立针对老年病、慢性病及康养服务的专门医疗机构。

(五)康养产业的新业态,迎来人才培养的新机遇

《"十三五"卫生与健康规划》中明确指出,发展医养结合,为老年人提供治疗期住院、康复期护理、稳定期生活照料、安宁疗护的健康养老服务,需要一支集护理、康复、针灸推拿、营养、健康管理等专业人才于一体的复合型康养服务队伍。当前,社会对康养专业人才的需求迅速增加,人才缺口非常大。

参照国际平均水准,我国的康养从业人员和技术人员,如护理人员、健康管理师、药(中药)师、营养师、康复医师、治疗师、社区综合康养人员的数量远不能满足现实需求,行业服务人员匮乏,特别是康复医疗和养老方面人才数量完全无法与庞大的康复养老机构服务需求人数相匹配。又由于全科护士、妇幼保健师、康复治疗师、全科医生组成的团队,为全人群提供全方位、全生命周期健康服务,已成为健康服务的主要方式,护理、养老服务、康复、中医、全科医学等专业人员成为现阶段最紧缺的康养类人才。因此,迫切需要加快康养专业人才的培养步伐,以适应社会需求。

康养产业与人们享受健康生活的基本需求、健康中国战略高度契合,具有广阔的市场前景。新冠肺炎疫情促使人们对提高自身生命长度、丰度和自由度的康养核心功能有了更多的积极思考、科学认知,将有力地激发康养市场。

当前康养产业急需的专业人才匮乏,直接制约了康养产业的发展壮大。目前,要解决的是人才短缺问题。首先,要认识到提供专业化的人才和专业化的服务才是健康中国战略的重要支撑,人才是康养事业发展的重要条件,应重视康养人才队伍建设,建立完善的康养职业教育体系,提高康养职业人才培养质量。其次,应制定相应的人才培养管理制度和行业标准,提高康养从业人员的素质和技能。最后,要进行高等教育和职业教育,并提供激励政策,刺激人才参与职业技能培训的热情。贵阳护理职业学院的康养专业群建设弥补了我省康养产业发展中人才培养的不足。

二、贵阳市康养产业面临威胁分析

(一)高、精、尖技术缺乏,阻碍康养产业跨越发展

康养产业还处在起步阶段,企业或服务机构规模小,生产设备或仪器有待更新,科技力量薄弱,标准体系不健全,经营模式还处于初级水平。在医药产业方面,医药企业产品档次低,低水平仿制的产品多,高附加值产品少;企业管理水平不高,核心技术缺乏,创新能力不足,新药研发、专利药首仿和关键技术的自主创新能力水平低,产品更新换代和技术升级慢,缺乏有影响力的知名品牌和优势品种。在健康管理产业方面,大部分企业都还处于体检、健康咨询、健康网络服务、产品推广等初级业态,运营模式亟须创新。高、精、尖技术缺乏是康养产业跨越发展的瓶颈。

(二)亟须具有医学背景的康养专业人才

具有医学背景的康养专业人才的不足直接制约了康养服务的覆盖范围和服务质量。具体表现为5个不足:一是具有较强的业务能力和可持续发展能力,掌握本专业知识和技术技能,融"预防、保健、诊断、治疗、康复、健康教育"六位一体,面向康养机构需求的,能"下得去、用得上、留得住"的临床医学专业人才不足。二是能够从事物理治疗、作业治疗、言语治疗等工作的康复治疗师严重不足。康复治疗师是康复治疗计划和训练措施的直接操作者,是康复专业人才队伍的重要组成部分。康复治疗师的培养,是康复医学发展的关键驱动因素,因此,需加大办学力度,加快对康复专业人才的培养。三是为功能障碍者、老年人、慢性病人群提供专业的居家及医院护理服务,解决他们的生活困难或协助他们更好地完成康复治疗的康复护理人才不足。四是养老护理专业的学生少,年轻人和专业人士因养老行业工资待遇低而不愿从事养老护理工作。大部分养老护理员缺乏基本的护理知识、经验和技能,专业化程度低,拥有养老护理员职业资格证书的人数不足。五是康养机构中的医生、护士、营养师、康复治疗师、心理咨询师、社会工作师等专业人才不足,无力开展康复护理、医疗保

健、精神慰藉等多样化、个性化服务。

贵阳市发展康养产业,需要建立一套完整的人才培养机制,才能为康养机构提供人才支撑。民政部已经将老年医学、康复、护理专业人才作为急需紧缺人才纳入培训规划。同时,还需要进一步加大培养力度,调整宽度,加强对社区养老护理人员关于培训、管理的规范和要求。

(三)资金、土地落实难

虽然贵阳市对康养产业发展的投入逐步增加,但由于人口老龄化加速,慢性病、亚健康人群对康养产品和服务的需求日益增长,加之贵阳市财力有限,用于康复医疗、健康管理、社区和居家养老、机构养老、农村养老的资金仍显不足,康养基础设施依然薄弱,在一定程度上制约了贵阳市康养产业的发展。《国务院关于加快发展养老服务业的若干意见》虽然明确了养老土地供应政策,但以往在编制城市规划时很少规划养老用地,对于养老用地的性质和使用也缺乏明确的规定。贵阳市属山区城市,土地资源稀缺,若新建或利用其他设施改建养老场所,很多都会涉及土地性质转变,而土地性质变更手续繁杂,导致一些养老项目难以落地。

(四)养老产业发展遭遇双重瓶颈

1. 养老服务发展统筹难

养老服务与经济、政治、文化、生态文明建设紧密关联,与工业化、城镇化、市场化和信息化相互交织,与社会结构、人口结构、家庭结构功能变革同频共振。解决养老服务问题要涉及的领域、部门多,牵扯的要素多,导致养老工作由民政部门统筹难度大。要促进养老服务发展,需建立党政统筹、民政牵头、部门协作的工作机制,提升工作的全局性、协调性和创新性,加快破解重点、难点问题。

2. 养老资源布局不合理

各区(市、县)之间、城乡之间发展不平衡问题突出。虽然实现了城市社区和居家养老服务全覆盖,但大部分社区养老服务场所面积小,服务功能单一,只能为老年人提供一些上门家政服务,专业化的为老服务中介组织发展滞后,市场化运作机制尚未形成。全市2.3万张养老床位中,护理型床位比重低;大多数养老机构设施设备落后,服务水平不高,导致养老机构一床难求和床位闲置现象并存,结构性矛盾突出。目前,贵阳市城乡老年服务体系不够完善,且发展不平衡,城市强、农村弱,城乡差距明显。究其原因,一是农村敬老院运营经费低,有的地区甚至未将农村敬老院运营经费纳入财政预算,仅靠入住老年人自费,则使可供老年人衣食住行及医疗的资金有限。二是农村敬老院无正式编制的护理人员,都是临聘或兼职人员,具有很大的流动性和不稳定性。三是设施场所简陋,适合农村老年人活动的场所还未完全建立,农村老年服务体系仍不健全。

三、贵阳市康养产业发展优势分析

贵阳市拥有独特的地理地貌、良好的气候条件、优质的生态环境,同时拥有气候、温泉、森林、中医药4种康养资源。

(一)健康医疗、健康医药产业加速发展

健康医疗服务体系建设加快,基层医疗基础设施进一步完善,基本形成"15分钟城市社区健康服务圈"和"30分钟乡村健康服务圈"。"百院攻坚"行动计划扎实推进,医疗服务供给水平大幅提升,分级诊疗制度逐步建立,区域医联体建设提速,社区卫生服务水平显著提升。同时,健康医药产业绿色化、集约化发展,医药制造业综合竞争力不断增强,以苗药为代表的"黔药"品牌优势凸显,创新能力不断增强。

(二)健康养老产业不断创新发展

养老服务供给持续加大,医养结合模式不断创新,健康养老新业态不断涌现。截至2019年底,全市60周岁及以上老年人71.5万人,老龄化率16.6%。全市有养老机构203家(其中社会办养老机构81家,公建民营养老机构8家,国办养老机构7家,农村敬老院25家,社区日间照料中心82所),床位总数24 066张,每千名老人拥有养老床位34张。

(三)健康管理与大数据融合亮点突出

基层医疗卫生机构信息化实现全覆盖,健康管理服务模式加速创新。贵阳市医疗健康大数据平台(贵阳市人口健康信息云平台)投入运营,打破了各家医疗机构之间的"数据壁

垒"。贵州省首家第三方独立医学影像诊断中心——贵州云上医学影像诊断中心现已开工建设,"贵阳中医学院·云上医疗"医学影像远程诊断平台建设加快。

(四)健康药食材产业链条不断延伸

中药材产业向基地化种植、标准化生产、园区化带动、品牌化培育转型发展不断加快,以药食材产业为主导的山地特色农业规模持续扩大。2018 年,全市中药材规范化生产面积约 6336.67 hm^2,同比增长 35.78%,主要种植品种为铁皮石斛、天麻、灵芝等。全年实现总产量 9.83 万 t,完成产值 9.68 亿元,产业扶贫效果进一步显现。

(五)康养引领大生态融合发展

康养基地试点建设稳步推进。截至 2019 年,贵州景阳森林康养中心、开阳南龙森林康养基地、开阳椿悦南江森林康养中心 3 家基地获批国家级试点建设单位,贵州白云初垦庄园森林康养基地、贵州乌当善美合森林康养基地 2 家基地获批省级试点建设单位。贵阳市将"大旅游"战略与中医康养产业发展相结合,打造一批与中药科技农业、名贵中药材种植、田园风情生态休闲旅游结合的养生体验和观赏基地,开创中药材种植基地特色观赏体验成为健康休闲旅游新模式。

四、贵阳市康养产业发展劣势分析

(一)高质量康养基础设施不足

康养产业在促进养老、医疗康复、养生等相关产业发展的同时,也显著地带动了上下游及周边产业的发展。但目前贵阳市康养产业发展受发展模式粗放、人才资源短缺等因素制约,远未形成一个健康、完整的产业体系。康养产业发展初期离不开"医",医疗是康养的基础,医养结合是康养的基本要求。贵阳市还没有在全省起到龙头作用的公立康养综合体,没有针对亚健康、慢性病、专科康复的康养专科医院,没有医养结合的养老示范中心和大数据健康管理中心。医院存在康复专科分散、不成规模、发展定位不高等问题,高质量康养基础设施明显不足。康养服务供给总体不足与需求不断增长之间的矛盾依然突出,存在供需结构性矛盾和优质资源缺乏问题,业态融合不充分,难以满足不同层次人群的康养服务需求。

(二)康养产业发展还处于初级阶段

一是康养产业链条不完整。医药制造业仍集中在生产制造环节,上游研发、种植,下游包装、物流等环节有待补充完善;健康养老领域多集中在基础养老服务,养老地产及养老产品等方面较为薄弱。二是康养产业发展不均衡。产业发展规模差距悬殊,发展质量参差不齐,全市健康医药产业增加值高,但健康养老产业增加值低,尚未形成规模效应。三是康养产业发展层次较低。产业整体呈现出规模较小、龙头企业少、专业化程度不高、技术含量低等问题,未形成康养全产业链的系统开发,主要表现为健康养老产业市场化程度不高、药食材产业链条短、产品附加值低。创新要素较为缺乏,难以有效集聚人才、技术、资本等产业发展资源,产业承载力较为薄弱,阻碍了全市康养产业的发展。

(三)森林康养发展要素不齐

"硬件基础+标准化(认证体系)、专业化(专业人才)的管理体系"是康养基地良性运营的重要保证,是康养基地良性运营并持续发展的核心要素,应具有标准化、专业化、个性化和便民化4个主要特征。标准化方面,需要建立完备的森林"疗养基地认证制度",设置产业建设标准,从而规范行业及市场,减少市场恶性竞争和低水平服务情况。专业化方面,需要设立森林疗养服务人员等级培训和资格认证体系,保证产业从业人员的专业性,从而促进康养服务的科学性、严谨性和治疗的效果及安全性。个性化方面,需要针对不同人群的不同需求提供个性化的定制服务,能够帮助不同需求的人群实现深度的康养体验,进而达到彻底放松身心和疗养休闲的目的。便民化方面,政府的支持是促进"全民康养"的重要保证,需要将康养治疗纳入医疗体系,只要经医生认证便可免费申请康养服务。

(四)标志性温泉康养项目欠缺

贵阳市温泉资源丰富,但尚无一家国家五星级温泉企业,而周边城市如重庆、昆明分别有2家和4家。贵阳市技术密集型、知识密集型、领域前沿的医药制造类项目数量较少。健康养老、康体养生等领域龙头企业匮乏,标志性项目的支撑、带动产业发展效应尚未发挥。

贵阳市在发展康养产业过程中,缺乏对本区域资源禀赋、产业基础及市场需求的系统研究与深入分析,在康养产业布局及规划上,尚未因地制宜地聚焦、开发重点板块、重点品类,区域品牌和产品品牌尚未形成,消费者对贵阳市康养城市形象认知度仍然较低。

(五)健康养老市场缺乏增长活力

一是企业投资积极性不高。政府对社会资本兴办的医养结合机构的优惠和扶持不够,医养项目投资周期长、回报率低,大健康产业企业面临"商务洽谈多,落地项目少""观望徘徊多,决心投入少"等状态。二是部分企业危机意识不强。部分企业应对市场变化及抵御风险能力较弱,传统制药企业转型缓慢、成长速度有待提高,领军企业数量少,企业整体竞争力不强。工业和信息化部"2018年度中国医药工业百强榜单",贵阳市仅有贵州益佰制药股份有限公司、贵阳新天药业股份有限公司、贵州威门药业股份有限公司、贵州百灵集团制药股份有限公司、贵州三力制药股份有限公司、贵州信邦制药股份有限公司入选。三是康养企业生产方式仍然以粗放型为主,忽视产品质量的提高和档次的升级,高端化、集约化、绿色化企业数量较少,健康管理、康复、养老产业发展严重滞后于医疗服务发展,大项目、大企业、大产业的发展大格局没有形成。

(六)康养专业人才供需不平衡

目前,贵阳市康养产业发展与人才供需不平衡,一方面是健康养老、健康管理、健康医药等产业人才匮乏,另一方面是健康管理、健康咨询、中医药养生、康复护理等专业人才没有匹配合适的康养岗位。虽然贵阳市出台的较多有关健康养老政策中均有关于康养专业人才培养的内容,但落实起来存在困难。因此,从人才培养管理制度和行业标准等源头着手,提高康养从业人员的素质和技能,进一步与高等教育和职业教育对接,刺激人才参与,是当前亟须突破的关键问题。贵阳市在康养应用型人才队伍建设方面,主要是围绕加快建立康养服务人才培养培训体系,对康养服务人才培养、科学用人和培训提高等方面进行研究和部署,对于康养应用型人才的职业生涯规划和职称晋升体系的构建和规范化管理还处于摸索阶段。

(七)康养应用型人才职称晋升体系缺乏

康养产业的可持续性发展离不开一支科学合理、专业化程度高的康养服务人才队伍。随着康养产业的"井喷式"发展,必将需要大批康养应用型人才来提供高质量的管理和服务支持。其中，服务支持主要需要的是康养应用型人才，此类人才根据具体的服务对象和自身专长提供预防、医疗、康复、护理、营养调配、健康监测与促进、心理疏导等专业照护服务。然而，目前国内康养应用型人才无论数量还是质量，都无法满足专业化康养服务的需要，究其原因，主要是我国康养应用型人才队伍建设尚存在缺乏顶层设计，行业规范薄弱，专业的培训、完整的认证和职称晋升体系缺乏等问题，导致康养应用型人才因为职业发展通道不畅、晋升体系缺乏等问题而普遍不愿就职于康养机构，这就直接导致了人才流失严重、现职人员工作积极性不高等问题产生。康养应用型人才队伍的不稳定性给康养产业相关工作带来了一定的困扰，不利于康养队伍职业化、专业化建设，也严重制约了康养产业的可持续发展。在管理学中，合理的晋升是激励职员工作热情和积极性、降低离职率的有效手段之一。因此，康养应用型人才职称晋升体系的建立和健全，有助于提高广大康养应用型人才对待工作的热情和积极性，保证队伍发展的稳定性，持续性培养和造就职业化、专业化的康养应用型人才队伍，助推康养产业发展。目前，已有很多政策提出了关于康养专业人才培养的指导意见，但对于在职的康养应用型人才职业发展规划及职称晋升方面的指导意见还处于起步阶段，一些新兴的康养应用型人才尚无国家、地方政府及行业协会的职称晋升指导方案，严重影响了康养应用型人才的工作水平和工作状态，导致康养产业从业人员的职业技能水平参差不齐，无法保证康养服务质量和维持康养队伍的稳定发展。一个规范的、符合劳动力市场目标和企业发展目标的康养应用型人才职称晋升体系的建立，对国家康养产业发展有决定性的作用和影响。2019年4月，《国务院办公厅关于推进养老服务发展的意见》针对康养产业中的重点产业——养老服务产业提出："建立完善养老护理员职业技能等级认定和教育培训制度。2019年9月底前，制定实施养老护理员职业技能标准。加强对养老服务机构负责人、管理人员的岗前培训及定期培训，使其掌握养老服务法律法规、政策和标准。"这标志着我国的康养应用型人才队伍正在面临重构和再起步，此时开展康养应用型人才职称晋升体系研究，具有非常重要的理论和现实意义。

第六章
贵阳市康养产业发展对策建议

一、让康养资源优势成为贵阳市康养产业特色和亮点

（一）以"六度"的资源优势着力发展气候康养

贵阳是一个被视作"生态文明建设样本"的城市，以温度适宜、湿度适中、风速有利、紫外线辐射低、空气清洁、水质优良、海拔适宜等气候优势，荣登"中国十大避暑旅游城市"榜首，被中国气象学会授予"中国避暑之都"称号，被称为"最适合人类生存"的城市。其独特的、天然的、无与伦比的自然因素，成就了"爽爽的贵阳"，这些自然因素和气候特征概括起来就是"六度"。一是纬度。贵阳地处东经106°，北纬26°。北纬26°是地球上最美风景带的所在地，得天独厚的地理位置造就了贵阳"山奇、水秀、石美、洞异"的高原自然风光。二是高度。贵阳的平均海拔高度为1200 m，在海拔1200 m的地方，人的心率会提高10%～20%，心率在合理范围内低强度地增加，有利于促进人体新陈代谢，使人体排汗量增多。三是温度。贵阳冷暖相宜，四季分明，年平均气温为14～16 ℃，夏季的平均气温为22.5 ℃，冬季的平均气温为6～8 ℃。22.5 ℃是最令人体舒适的温度，也就是说，在22.5 ℃左右的环境中，人感觉最舒适，机体的新陈代谢、生理机能处于最佳状态。贵阳的气温最有利于人体机能的良性运转与正常调节，尤其适宜中老年人长期居住养生。四是湿度。贵阳降水充沛，雨水的浸润使得空气湿度适中。贵阳雨热同期，夏半年降水量占年降水量的78.5%。昼晴夜雨，夜雨量占年降水量的68%，夜雨是最好的空气净化器，这也是贵阳空气质量优良的一个原因。五是负氧离子浓度。贵阳空气质量优良，空气清新，令人呼吸舒畅，最大的特点可以概括为"一高两低"，一高是负氧离子浓度高，两低是$PM_{2.5}$低和紫外线辐射低。六是"风度"。贵阳夏季平均风速在3.0 m/s以下，级别属微风，给人带来的是一种"轻风拂脸面"的舒适感，对身体散热、生活出行和生产活动十分有利。

贵阳是"天然大空调"，特别是与北方部分城市及素有"火炉"之称的重庆、长沙相比，贵阳是名副其实的避暑胜地。在2006年"中国十佳避暑旅游城市"评选中，贵阳以具有夏季，特别是最热月平均气温舒适度最高的优势荣登榜首。由于贵阳气候的舒适度，从2006年开始，贵阳在每年的"中国十佳避暑旅游城市"的评选中都摘得桂冠。因此，贵阳要利用这一气

候优势,将气候康养产业发展成为贵阳的特色与亮点。

(二)以"千园之城"的生态优势发展森林康养

森林康养是以林业为主体的朝阳产业,融入了旅游、休闲、医疗、娱乐、养生、养老等健康服务新理念,是经济和社会发展的一个新增长点。早在 2017 年 6 月,以推动贵州省森林康养产业发展为目的的"大生态+森林康养"专题研讨会上就已经发布了全省首批省级森林康养试点基地名单,这标志着贵州省正式拉开建设森林康养产业试点基地的序幕。而贵阳作为贵州的省会城市,是一座"山中有城,城中有山,绿带环绕,森林围城,城在林中,林在城中"的具有高原特色的现代化都市,是中国首个国家森林城市、循环经济试点城市。在国家林业局举办的首届中国城市森林论坛上,贵阳被评为全国第一个国家森林城市。贵阳市森林资源比较丰富,景观条件也非常好,具有发展森林康养项目的先天优势。

贵州是全国首个由 4 个部门联合印发《推进森林康养产业发展意见》的省份。此外,2016 年以来,"支持森林康养发展"连续 3 年被写入中共贵州省委、省政府发展规划,贵州连续 3 年安排专项资金支持森林康养产业。贵阳依托丰富的森林资源、优良的生态环境、深厚的人文底蕴,根据总体目标、分步实施的原则,按照产业生态化、生态产业化的发展理念,加快森林康养基地试点建设。截至 2018 年,贵州景阳森林康养中心、开阳椿悦南江森林康养中心、开阳南龙森林康养基地 3 家基地获批国家级试点建设单位,贵州乌当善美合森林康养基地、贵州白云初垦庄园森林康养基地 2 家基地获批省级试点建设单位。5 家基地规划总面积 2318.87 hm^2,2018 年总投资 2.06 亿元、总收入 1300 余万元。2019 年,花溪区状元山森林康养基地、永乐湖森林康养基地、盘龙黔斛森林康养基地、息烽南山温泉森林康养基地 4 家基地已向省林业局申报试点基地建设。

截至 2019 年,贵州共有 38 个全国森林康养试点基地,如梵净山国家级自然保护区、扎佐林场、茂兰国家级自然保护区、思南白鹭湖国家湿地公园、贵州省遵义市凤冈县茶寿山森林康养试点基地、贵州省毕节市织金县织金洞森林康养试点基地和安顺市普定县猫洞乡补龙村森林康养试点基地等。2017 年开始评选贵阳市级森林康养试点基地,评选基本条件包括陆地森林覆盖率 65% 以上,负氧离子含量平均值 > 1500 个/m^3,需具有水文、地文、天象、生物、人文 5 类森林风景资源中的 3 类。2019 年评选出的第三批省级森林康养试点基地,包括贵阳花溪青钱柳森林康养试点基地、贵阳南明区永乐湖森林康养试点基地、贵安新区松柏山森林康养试点基地、开阳南龙森林康养试点基地、惠水白鸟河数字小镇森林康养试点基地等,共 20 个。截至 2018 年,贵阳市已建成湿地公园 29 个,其中国家级湿地公园 1 个、市级示范性湿地公园 4 个;建有森林公园 45 个,其中国家级森林公园 1 个、省级森林公园 9 个、市级森林公园 1 个、"千园之城"市级示范性公园 4 个,贵阳市长坡岭国家森林公园、贵阳阿哈湖国家湿地公园、贵阳市森林公园等"中国森林氧吧"3个;拥有国有林场10个,国有林场国土面积223.53 km^2,森林面积1.97万hm^2,森林覆盖率为89%,为贵阳市发展森林康养产业提供了厚实的载体。

在2018年举行的森林城市绿色共享专题会上,中共贵州省委常委、贵阳市委书记赵德明在致词时表示,贵阳开展森林城市建设具有六度(纬度、高度、温度、湿度、浓度、风度)生态优势。随着新型城镇化步伐的不断加快,森林城市建设日益成为城市高质量发展的一个重要方向和时代需求。"六度生态"是大自然给贵阳的宝贵财富,为贵阳建设森林城市,促进绿色共享奠定了很好的基础,为贵阳发展大健康产业及业态提供了不可复制的便利条件,也使贵阳成为不可多得的养生福地和疗养胜地。赵德明书记还表示,依托"六度生态"优势,贵阳将大力开展森林城市建设,让森林走进城市,让城市融入森林。

(三)以中药与民族药的优势发展民族医药康养

医疗资源将是贵阳医药康养发展的基础。首先是集中的医疗、科研、教育资源。发展森林康养产业,需要医疗资源、康养技术和专业人才等方面的支撑。贵阳市作为省会城市,集中了贵州省人民医院、贵州中医药大学第一附属医院、贵州医科大学附属医院等丰富的医疗资源,贵州大学、贵州省旅游学校、贵州医科大学等教育资源,贵州省林业科学研究院、贵州省农业科学院等科研院所,丰富集中的医疗、教育、科研资源成为贵阳市开展森林康养与医疗机构合作、康养知识研究、康养技术培训和康养人才培养等内容的重要基础和便利条件。

中药与民族药将是贵阳医药康养特色发展的着力点。据有关资料,贵阳市已查明中药资源1993种,包括药用植物1792种,药用动物173种,药用矿物28种。其中,板蓝根、白术、太子参等在国内外享有较高声誉。全市现已形成以息烽太子参,修文玄参,清镇半夏,吴茱萸,乌当金花石蒜等为主的四大中药材种植基地;以息烽续断,花溪黑骨藤,清镇金银花、铁筷子、见血飞为主的三大野生中药材抚育基地。贵阳市制药企业数量约占全省制药企业总数的90%,由此形成"买全省、卖全国"的格局。从全省的中药材资源看,贵州是我国四大中药材基地之一。据有关资料,贵州省有中药资源4294种,其中药用植物3927种,药用动物289种,药用矿物78种,以天麻、杜仲、半夏、何首乌、茯苓等道地药材最为著名,中药资源储藏量达6550万t。目前,贵州中药材种植面积占全国中药材种植总面积的1/6,已超过6.67×10^4 hm^2,中药材生产质量管理规范(GAP)实验示范基地达866.67 hm^2;贵阳市中药材种植面积已超过6666.67 hm^2,建立GAP实验示范基地8个。

苗医苗药独具特色。相较于周边城市,贵阳市苗医苗药独具特色。苗药在我国民族药中占有重要地位。在国家药品标准中,苗药有154个;中国非处方药(OTC)民族药药品中,有苗药90个。从中药制造业发展情况看,贵阳市是贵州省乃至整个西部地区中药制造业重要集聚地。2004年，贵阳市中成药销售额进入全国中成药销售额前10名城市，名列第五，在西部地区名列第一。2006年，贵阳市中药制造业销售收入占贵州省中药制造业销售收入的63.4%，占西南地区的20.5%，占全国的3.3%。以良好的医疗与中药资源优势发展苗医药、侗医药、瑶浴等独具特色的民族医药康养项目将成为贵阳市康养产业发展的竞争优势。

（四）以四通八达的便捷交通优势发展康养小镇

便捷的交通是吸引游客的重要因素。贵阳市位于贵州省中部，是西南地区重要的交通、通信枢纽，目前已开通贵阳至广州、北京、昆明等主要城市的高铁线路，融入了"全国主要经济区2~7 h经济圈"，贵阳的全国铁路综合枢纽地位越见凸显。目前市内已形成"三环十六射"公路网，县县通高速、乡镇通柏油路、乡村组组通，从贵阳出发，1 h可抵达市域各旅游景区，4 h可抵达省内各主要旅游景区，形成以贵阳为中心，辐射"市域1 h、省内4 h"的旅游经济圈。

贵阳以四通八达的便捷交通优势立足全省，服务全国，面向国际发展"气候+森林+山地+苗医药"特色康养小镇，推广候鸟型康养服务；为一些身体状况较好，愿意随着季节变化而选择不同的地域环境进行旅游康养的人群提供集旅游、休闲、文化娱乐、健康服务为一体的特色服务，打造全球康养目的地。

（五）以周密完善的政策法规优势发展旅居养老

贵阳市"十二五"规划中已明确提出以发展休闲度假旅游为重点，围绕"爽爽的贵阳·中国避暑之都"的城市文化品牌，推进城市人文、生态和社会协调发展。

为了深入推进城市的生态文化建设，贵阳市制定了《贵阳建设全国生态文明示范城市规划（2012—2020年）》，并在2012年12月得到国家发展和改革委员会的批复，该规划也是全国第一个生态文明城市规划。

贵阳市是中国西南地区重要的区域创新中心、中国重要的生态休闲度假旅游城市。贵阳市与贵州省周边的湖南、四川、重庆、云南、广西这些夏季特别热的省份的交通也十分便利，以高铁、动车为例，从贵阳到它们中心城市的交通时间基本在4 h以内。因此，可利用贵阳市有利的自然优势和交通便利优势，建立森林康养基地。初步根据康养对象年龄划分，可分为：老年人群，以养老康复为基本诉求，这类群体可细分为55~65岁、66~70岁、71岁及以上3个亚类；中年人群，多为亚健康群体，以缓解焦虑、释放压力、身心健康为康养目的，可细分为35~45岁、45~55岁2个亚类；青年人群，以增强体质、提高免疫力为主要目标，可细分为18~25岁（高中生、大学生）、26~34岁（工作早期）；少年人群，人群年龄小于18岁，以有益于身心的户外运动和森林教育为主。根据健康状况划分,可分为健康态类型:以强身健体为主要目的;亚健康态类型:以放松心灵、释放压力、消除疲劳为主要目的;轻度疾病类型:以缓解症状、疗愈为目标;康复类型:以调适机能、恢复健康为诉求。根据康养活动主题划分,可分为观光类:以欣赏特色植物群落、感悟鸟语花香和清幽环境为主要目的;运动类:是普通大众或各个层次的人群都能参与体验的活动,如林间漫步、健走、瑜伽、太极、冥想、森林马拉松或户外拓展训练等;温泉类:是依托林地周边的温泉资源开展的各种保健洗浴和康体美容活动;养生类:可与城建、医疗机构和旅游地产合作,建设旅居养老中心、中医理疗院、度假中心等场所,结合林下产品(野生道地药材、森林特色菌类),通过森林食疗、水疗、药疗、芳香疗养等方法达到养生的目的;教育类:以认识森林资源及了解森林生态系统的户外自然教育为主要目的,旨在满足人们求知欲望、提高精神文化需求,该类型康养基地的形式多元,包括亲子教育、夏令营或研学旅行、课外实习、科普教育或学术考察等;体验类:是与养生有关的各种体验活动,包括森林浴、瑜伽、冥想、坐禅、太极、食疗、温泉浴、调配精油等。建立森林康养基地不仅可以解决贵阳市老年人口养老的问题,还可以吸引周边省份老年人来到爽爽的贵阳这个森林大氧吧、天然大空调里来养老,尤其是夏季。这既是贵阳市养老产业的一个新的飞跃点,又是拉动经济提升的一个新的动力源。

(六)以天然温泉与康养结合发展全域旅游品牌

1. 强化温泉康养产业顶层设计

贵阳市编制的《贵阳市温泉产业发展专项规划(2017—2025年)》,对贵阳市温泉资源进行科学分析、合理布局,在温泉产业发展方面注重丰富产品形态、平衡产品结构,不断强化温泉与大健康、旅游地产等产业融合发展,并提出项目建设行动计划和相关保障措施。

持续优化营商政策环境。贵阳市陆续为景区、旅行社、特色酒店、旅游商品发展、旅游项目开发建设及航空航线出台多项全方位的优惠政策。

接下来,贵阳市将从加快推进温泉资源整合、打造中高端温泉产品、严格执行温泉开发审查程序、强化温泉产业招商及增强产业发展人才培养等方面持续发力,推动温泉产业高质量发展,为贵州打造"中国温泉省"贡献贵阳力量。

2. 不断壮大温泉康养产业规模

贵阳市温泉分布广泛,热储层厚度稳定,且埋藏深度适宜,水中富含锶、偏硅酸等微量元素,是极其珍贵的自然资源。截至目前,贵阳市已探明温泉资源点75处。

贵阳市科学布局温泉康养产业发展,以打造贵阳"国际温泉城"为引领,根据贵阳市温泉资源分布特征、温泉产业发展现状及区域发展潜力,确定"一心支持、两核引领、四区发展、四轴联动"的温泉产业发展总格局,串联各县(市、区)产业优势形成温泉特色制造产业带、温泉民族健康产业带、温泉生态旅游产业带及温泉文化创意产业带。开阳白马峪温泉、马岔河温泉、乌当保利温泉、贵御温泉、修文六广河温泉等温泉康体养生区的综合接待能力不断提高,息烽温泉、枫叶谷温泉、息烽新萝温泉、四季贵州温泉等一批温泉康体养生度假旅游区正加快建设,温泉养生产业规模和附加值不断提高。

3. 不断丰富发展温泉康养产品

近年来,贵阳市以A级景区及旅游度假区、全域旅游示范区等品牌示范创建为目标,以贵州省"15个100工程"为抓手,大力实施全域旅游及优质旅游发展战略,推动文化与旅游深度融合。同时,通过每年冬季举办"温泉季"系列活动,不断强化"温泉之城"品牌,推动全市温泉产业蓬勃发展,旅游业持续"井喷"。贵阳市康养产业的发展以温泉为纽带拉动相关产业,丰富山地旅游业态,加大中高端旅游产品有效供给。贵阳市丰富的温泉资源、优良的温泉水质及独特的当地文化,形成了多种多样的温泉康养产品。例如,贵阳市乌当区枫叶谷旅游休闲度假区打造了集温泉、养生、园林观赏、休闲为一体的园林式"林海温泉"。

(七)以山地旅游与康养结合发展休闲旅游产业

1. 逐步优化康养旅游项目布局

在全市"两区两带八片"的旅游产业发展新格局中,康养产业项目布局初具雏形。以青岩古镇、天河潭、花溪湿地公园等景区为核心发展生态旅游度假区,以红枫湖、百花湖等湖泊为核心发展山地户外运动休闲区,以乌当区、白云区、观山湖区、清镇市和息烽县温泉资源为核心发展康体养生养老度假区,以修文阳明文化和息烽佛教文化为核心发展文化养心度假区,以泉城五韵、蓬莱仙界等为核心发展乡村旅游休闲度假区,形成避暑休闲、运动康体、温泉养生、度假养老、中药康疗为一体的健康休闲旅游产业发展格局。

2. 深挖优质山地康养旅游资源

贵阳市拥有得天独厚的山地旅游资源。山区森林覆盖率高,负氧离子含量高,空气清新怡人,名贵药材、珍贵山野食材、洁净水源为健康养生的餐饮提供了原材料。同时,山区独特的地形也满足开展各项养生运动所需的场地条件。在旅游目的地同质化日趋严重的背景下,一方面可以通过增加康养附加技术和服务,令山地旅游资源价值最大化。康养旅游独特的市场定位,无疑能吸引更多的康养度假客群。另一方面,通过科学、务实、系统的开发方式,避免原生康养资源被作为旅游产品以就地"简单粗暴"的方式直接销售开发,方能形成优质的山地康养旅游产品,有助于自然资源的可持续开发,令资源价值得以在代际传承。

二、让产教融合成为贵阳市康养产业转型升级突破口

推进产教融合,可为加快建设实体经济、科技创新、现代金融、人力资源协同发展的产业体系,增强产业的核心竞争力,提升新动能提供有力的支撑。因此,结合贵阳市当前康养产业发展实际,找准产教融合突破口,真正从教育、平台建设、人才等层面,为贵阳市康养产业的转型升级提供创新思路与方案,以"四个一"把贵阳市建设为具有康养特色的产教融合型试点城市。

(一)创建一个康养产教融合型实训基地

探索创建全省高标准引领型康养产教融合型实训基地,打造"两院五中心",集康复示范医院、智能化示范养老院、健康管理大数据中心、康养产业研究中心、学术交流培训中心、健康体检中心及健康食药管理中心为一体的现代化康养基地,既能满足康养专业群内实训教学和培训需求,达到专业群教学共担、资源共享,满足专业群课程教学、综合实训和顶岗实习需要,又能为群众提供预防、治疗、康复与社会培训等社会服务。建立贵州康养行业人才库,引入全国优质企业资源,构建基于"5G+"大健康数据共享平台的康养产业"产、学、研"一体的综合支撑体系。突出医疗、科研、人才、资源、政策优势,以康养产业为核心,围绕健康医疗、健康医药、健康管理、智能化老年穿戴用品、田园康养、膳食康养等产业领域,推动多业态融合发展和产业链聚集,打造高端康养产业集群和康养产业孵化基地。

(二)打造一个国际产教融合养老示范中心

以医养结合为方向,结合贵阳市"全国养老服务业综合改革试点城市""第一批国家级医养结合试点单位"和"第三批中央财政支持开展居家和社区养老服务改革试点地区"实际,探索建设医养结合国际养老示范中心,加快推进医疗养老联合体建设,努力打造"爽爽的

贵阳·养老的天堂"的城市名片。打造一个国际产教融合养老示范中心来作为贵阳康养产业创新试验平台,大力发展智慧养老服务,推动智能化、信息化技术在养老服务领域的应用和推广。

(三)建成一个国内装备水平一流的康复医院

探索建设国内装备水平一流的康复医院实习实训基地。贵州省准备以省民政厅投建,贵阳护理职业学院经营管理(贵州医科大学、贵州中医药大学、遵义医科大学为技术指导)的贵州省民政康复医院为龙头,推进区域性、示范性康复医院建设。康复医院以全科康复、心血管疾病康复、呼吸专科康复、脑血管疾病康复为特色,强化康复医疗新技术应用,发展中医特色治疗、康复理疗、针灸推拿、药膳、情志养生等服务。推动心血管疾病、脑血管疾病、呼吸系统疾病等愈后康复医疗技术提升,加快康复医疗发展,筑牢贵阳康养产业持续发展基石。

(四)组建一个康养产教融合示范职教集团

以贵州卫生职教集团为基础,联合相关院校、企事业单位、行业协会等组成康养产教融合联盟。充分利用贵州医科大学在大健康领域的工程技术中心、研究院、大数据健康管理产业技术创新战略联盟、人才培养基地、贵州省森林康养医学研究工程技术中心及贵州省健康养老协同创新中心等平台的技术力量,为亚健康预防和治疗、森林温泉产业化研究等具有前瞻性、战略性、系统性的研究提供智力支撑。贵州卫生职教集团以"健康中国2030"为指引,抓住健康养老和康养产业等新兴产业兴起、大健康产业快速发展、"互联网+"健康管理业态兴起的契机,抓住人民健康事业的发展带来产业发展的战略机遇,抓住健康中国、健康贵州带来产业发展的历史机遇,抓住老年人群、亚健康人群的增加带来产业发展的价值机遇,抓住健康服务与健康管理人才匮乏带来产业发展的人才资源机遇,将贵州卫生职教集团建设成为政校企深度合作,产学研用高度融合,行业企业广泛参与,推动职业教育"三教"改革,覆盖全康养产业链、全生命周期的"维系健康、促进健康、修复健康"的康养产教融合示范职教集团。

三、构建康养应用型人才职称晋升体系，稳定康养人才队伍

（一）构建康养应用型人才职称晋升体系的思路

康养应用型人才职称晋升体系指在对康养各专业技术岗位应用型人才的职业层级及其任职资格、权利义务等进行划分的基础上，将相应指标进行量化，通过职称晋升评审程序，在一定的时期内对康养工作、服务等方面的成果、表现进行职称晋升评审，以确定其是否可从低一级的职业层级晋升至更高一级的职业层级的体系。康养应用型人才职称晋升体系对促进我国康养产业人才队伍稳定性发展具有非常重要的作用，而目前国内尚无顶层设计的康养应用型人才职称晋升体系。基于此，在充分调研和借鉴国内外相关经验的基础上，提出了适应我国经济社会发展现状和未来康养产业发展需求的康养应用型人才职称晋升体系构建的建议和思考。

康养应用型人才职称晋升体系以激励理论、结构－功能理论及人力资源管理理论为指导，在充分调研和借鉴国内外康养人才职称晋升体系相关经验的基础上，科学规划康养应用型人才职业生涯发展路线和阶段分级，制定匹配每一级别任职的晋升条件，层层递进，最终达到完成预期目标的目的。体系采取向政府导向靠拢、向人的发展需求靠拢、向康养产业岗位能力需求靠拢的构建思路，在政府顶层设计统筹指导下，并在横向上注意以宏观角度涵盖现有及拟建的康养产业工作岗位评定范围，在纵向上注意康养应用型人才每个晋升级别评定标准的科学性、激励性、发展性及公平性，应用动态性整体观，构建具有中国特色、可动态发展的康养应用型人才职称晋升体系。同时，根据我国国情和康养产业发展特点，有针对性地提出了改革对策与建议，最终达到加强康养应用型人才职位规范化管理、提高康养应用型人才队伍专业化水平、促进康养服务高质量发展的目的。

(二)构建康养应用型人才职称晋升体系的原则

1. 科学性原则

在构建康养应用型人才职称晋升体系时,必须在相关理论的指导下,遵循科学构建的原则,运用科学思维方法来进行体系构建。

2. 激励性原则

在构建体系时,要充分考虑如何能激发康养应用型人才的正确行为动机,调动人才的积极性和创造性,以充分发挥人才的智力效应。

3. 公平性原则

体系的构建需明确考评准则,尽可能地防止渗透进主观性和情绪色彩。

4. 发展性原则

在构建康养应用型人才职称晋升体系过程中,要充分考虑体系对人才发展、产业发展及体系本身发展的影响,使该体系具备可持续发展特性。

(三)康养应用型人才职称晋升体系的主要内容

以激励理论、结构-功能理论及人力资源管理理论为指导,以国家职业资格晋升体系为基础和参考,参考范巍等学者提出的我国康养应用型人才队伍职业体系建设建议,将康养职业类别、级别和领域与学历教育、职业教育、专业技术职称评定等进行有机整合。从横向看,以卫生、养护、教育、管理、科技和文化为主构成康养职组,涵盖了与康养相关的主要领域。从纵向看,各个领域依据不同的职业特点划分为不同的职系,各个职系依据职业专业化和技术化水平进行等级划分,形成覆盖一般人员、技能人员、半专业人员和专业人员的康养应用型人才金字塔,处在金字塔不同层次的从业人员具有清晰的职业定位和职级差异,各个层次之间具有明确的发展路径。最终形成"两系三等四类七级"康养应用型人才职称晋升体系模型,见图2。

第六章　贵阳市康养产业发展对策建议

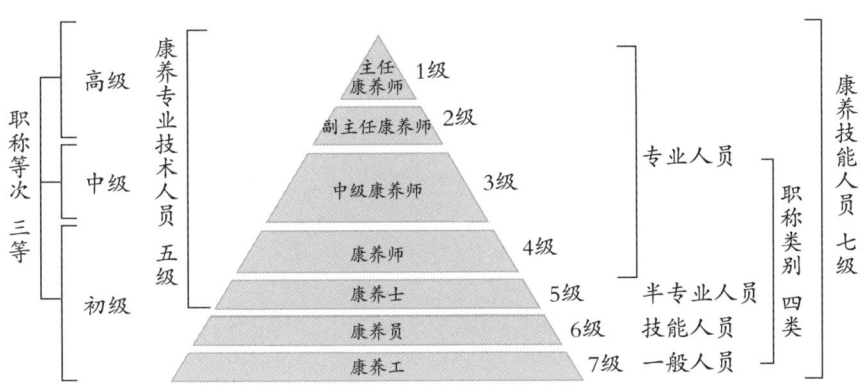

图 2　康养应用型人才职称晋升体系模型

1. 康养应用型人才职称晋升体系的"二系"职称系列

从纳入职称晋升体系的康养应用型人才范围出发,将在康养产业从事相关专业技术工作的人员分为康养专业技术人员与康养技能人员两个系列。康养专业技术人员的整体水平高于康养技能人员,康养专业技术人员接受正规的医学、药学、护理学、管理学、教育学、心理学等相关专业知识教育,并获得相应学位,具备较为扎实的理论基础和一定的自主创新能力,设置1～5级共5个级别,起点为第5级,专业技术职称从高到低依次为正高级、副高级、中级、初级(包括康养师和康养士)。康养技能人员掌握康养相关领域专业知识,从业岗位技能要求较高,设置1～7级共7个级别,起点为第7级,职称从高到低依次为正高级、副高级、中级、初级(包括康养师、康养士、康养员、康养工)。康养专业技术人员与康养技能人员在职业发展中可以在相应的等级互相贯通发展,但康养技能人员需要在具备相应的等级资质后方可通过审核贯通到康养专业技术人员系列。

2. 康养应用型人才职称晋升体系的"三等"职称等次

根据国家职业资格划分基本原则,将康养应用型人才职称晋升体系纵向分为3个等次,自上而下分别为高级、中级、初级,高级又细分为正高级和副高级两个分级别;康养专业技术人员的初级分为师和士2个分级别,康养技能人员初级自高而低分为师、士、员、工4个分级别。

3. 康养应用型人才职称晋升体系的"四类"职称类别

参照范巍等学者的研究,出于对康养产业形态多样化及工作内容的复杂性考虑,可以根据需要,将康养专业技术人员和康养技能人员进一步细化。康养专业技术人员可以分为康养师(包括师以上)和康养士,分别对应"专业人员"和"半专业人员(专业辅助和技术人员)",康养技能人员可细分为康养员和康养工(护工),对应"技能人员"和"一般人员"(见图3)。

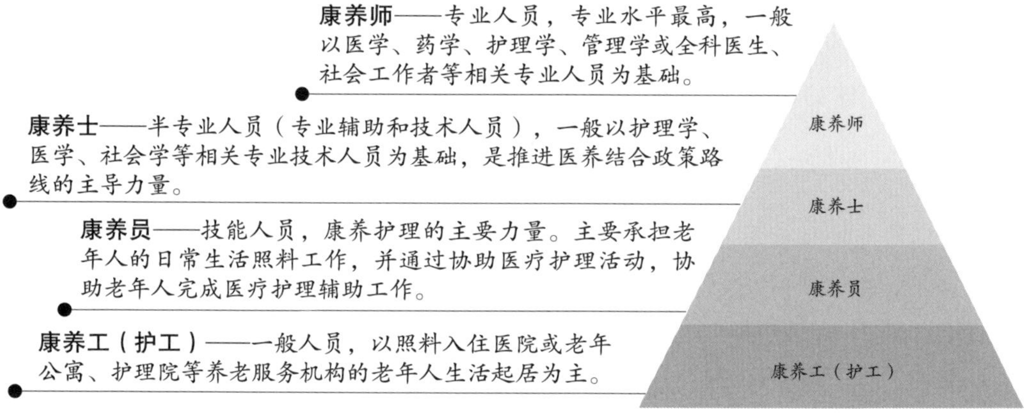

康养师——专业人员,专业水平最高,一般以医学、药学、护理学、管理学或全科医生、社会工作者等相关专业人员为基础。

康养士——半专业人员(专业辅助和技术人员),一般以护理学、医学、社会学等相关专业技术人员为基础,是推进医养结合政策路线的主导力量。

康养员——技能人员,康养护理的主要力量。主要承担老年人的日常生活照料工作,并通过协助医疗护理活动,协助老年人完成医疗护理辅助工作。

康养工(护工)——一般人员,以照料入住医院或老年公寓、护理院等养老服务机构的老年人生活起居为主。

图3 康养产业四类应用型人才金字塔

4.康养应用型人才职称晋升体系的"七级"职称层级

在划分康养应用型人才职称晋升体系3个等次的基础上,根据康养应用型人才的系列不同分别细化为7个级别的晋升层级。刚入职的康养专业技术人员因已具备第5级别的相应资质,因此,级别共为5级,第1级为最高级别;康养技能人员因总体受教育层次低,起点为第7级别,共7个级别。

(四)构建康养应用型人才职称晋升体系的保障

1.强化领导,逐步健全管理机制

完善政府引导、社会支撑及市场取舍机制,加强政府、行业协会及行业的深度磨合,成立政、企、研等部门联合组成的康养应用型人才职称晋升体系构建领导小组,统筹规划,组织制订长远人才发展计划,总体提升康养应用型人才队伍综合实力和素质,完善管理机制,促进职称晋升与激励机制的相融相通。

加强制度建设,建立严格、客观的职称晋升制度,岗位设置的层次必须与康养产业具体岗位的专业技术工作任务相适应,职称晋升级别需与相应岗位的职责及岗位胜任力需求相匹配。实行总量控制、最高级别比例控制等办法,具体到康养产业中某一具体的岗位设置时,根据其自身性质和特点实行分类分级管理。

2.科学设计,建立多元评价体系

构建完善的康养应用型人才职称晋升体系后,必须着力于创新人才评价机制,把具有真才实学的专业技术人员匹配到相应的岗位,做到人岗适配、人尽其才、才尽其用。对人才的评价,一要有相应的方式、方法和手段,二要有具体的评价标准。要按照岗位职责和能力的具体要求,结合国家、地方、企事业单位职称评审的标准,充分考虑拟聘任岗位的胜任力特征,匹配相应的评价标准、人才评价方式和方法。

3. 动态管理,构建竞争激励机制

由于康养产业类型多,单位性质不同,人员构成情况不同,竞聘模式亦不同,在这样的情况下,如果都按照一种考核模式进行,必然是不利于产业发展的。为了达到科学、合理、有针对性的考核目的,要根据康养产业的具体业态结构特点、现实情况,探索实行与人员性质、行业特点相结合的分类考核办法。同时,要根据竞聘上岗后实际聘任的专业技术职务确定专业技术人员的工资待遇,体现按劳分配、绩效挂钩的原则。将考核标准量化,结合单位特点,对不同层次的康养应用型人才进行分类考核,将任职岗位能力、职业道德、学术水平、工作态度等考核内容进行细化,分解为不同的考核标准,建立一套适用于康养产业的某一工种的科学评价标准。

4. 确立标准,完善职称评聘体系

在职称晋升体系中,影响职称评聘方式的选择因素多,利益牵涉面广,社会关注度高,必须慎重对待。康养应用型人才职称评聘方式的选择应遵循以下3个标准:

(1)有利于康养应用型人才充分发挥自身价值。评聘过程中要坚持以人为本,重视康养应用型人才的全面发展,实现康养应用型人才人岗适配、人尽其才、才尽其用,激励专业人才充分发挥其能创造的最大价值。

(2)有利于康养应用型人才合理、有序流动。人作为生产力中最积极、最革命的因素,只有合理流动,才能充分发挥每个人的潜力,促进人才使用社会化,有效解决人才供求矛盾。康养应用型人才合理、有序的流动,一方面促进了人才找到合适的工作岗位,提升专业技术人员的社会责任感与自我满足度;另一方面有利于康养应用型人才资源配置达到最佳,提升康养产业人岗匹配度。

(3)有利于康养应用型人才职称晋升体系创新的稳步推进。职称晋升是一项系统工程,政策性强、涉及面广、敏感度高,与专业技术人员的待遇密切相关,与专业技术人才的创新创业能力密切关联。职称晋升体系需要相应的政策做支撑,需要实践环节与顶层设计相配套,在构建科学的康养应用型人才职称晋升体系的基础上,促使用人单位建立起竞争激励、优胜劣汰的用人机制,促进康养应用型人才职称晋升体系创新的稳步推进。

5. 加强培训,健全资格晋升机制

推动康养产业从业人员工资待遇与专业技能等级、从业年限挂钩。对于在康养机构执

业的专业技术人员和技能人员,实行执业资格和注册考核制度,定期与不定期地开展培训和考核。推动实施职业技能等级认定制度,科学设置康养产业专业人才评价标准,完善技能人才评价工作。加快推进康养产业规范化和职业化建设,要积极发挥产业的行业协会作用,建立健全行业法规和行业标准,营造良好的行业生态。力争在国家资历框架体系下,建立康养从业人员与卫生专业技术人员(医师、护师、技师等)、高级管理人员、教育产业从业者等相关产业从业人员的贯通机制。